우리말

법화경

수담秀潭 인해仁海

통도사에서 요산 지안 큰스님을 은사로 득도
해인사 강원, 조계종립 승가대학원 졸업
국사편찬위원회 사료 과정, 동국대학교 석·박사(철학박사)
가야불교연구소 소장, (사) 가야문화진흥원 초대 이사장 역임
(현) 통도사 김해포교당 바라밀선원 주지
(현) 영축총림 통도사 승가대학 강주

저서 달마대사의 『소실육문』 외 논문 다수
제 31회 대한불교조계종 포교대상 원력상 수상

바른 독송
우리말 법화경

1판 1쇄 인쇄 | 2023년 10월 10일
1판 3쇄 발행 | 2025년 3월 20일

옮긴이 | 수담 인해

펴낸이 | 이미현
펴낸곳 | 사유수출판사
만든이 | 이미현, 박숙경, 유진희, 권영화

서울시 마포구 동교로 19길 86 제네시스 503
대표전화 | 02-336-8910

등록 | 2007년 3월 4일

정가 25,000원

바른 독송

우리말 법화경

사수

참된 법화행자로 보살도를 닦아가기를

한 분의 부처님이 세상에 출현하시면 많은 이들이 깨달음을 얻고, 한 권의 참다운 불서를 많은 이들에게 전하면 온 세상이 불국토를 이룰 것입니다.

부처님법을 전해야겠다는 원력 하나로 산중에서의 안녕(安寧)을 뒤로 하고 도심으로 내려온 후 상가건물 2층에 포교원을 개원하여 천일기도와 법화경 강의를 시작하게 되었습니다. 이전에도 강의와 사경은 주기적으로 꾸준히 해왔지만, 지금도 진행중인 법화경 독송은 바라밀선원의 불사가 그 계기였습니다.

첫 법화경 독송은 소중한 인연인 28명의 법화행자들과 280일 동안 진행하였는데, 이제는 280명의 법화행자들이 천일기도 회향을 눈앞에 두고 있습니다. 한겨울의 매화가 혹한의 고통을 거쳐 맑은 향기를 내뿜듯 법화행자들과 함께한 천일기도는 지극한 간절함이 이뤄낸 성취일 것입니다.

이번 법화경 번역서를 발간하게 된 인연은 그동안 여러 종류의 번역서를 대조하며 강의를 하던 중 구마라즙 한역본을 중심으로 하되 최대한 원문에 가까운 번역서가 필요하다고 느꼈기 때문입니다. 법화경 독송을 시작하면서 기존 번역서들이 원문과 조금씩 다름을 알게 되었고 이참에 제대로 번역해 보고자 하는 뜻을 세우게 되었습니다.

그리하여 기존의 법화경 번역서들을 대조하며 비교 분석해 보니 가감(加減)하여 의역한 부분이 많이 있음을 찾아내었고, 이에 최대한 원문 한 자 한 자의 뜻만을 실어내도록 번역한 〈바른 독송 우리말 법화경〉을 펴내게 되었습니다. 다만, 독송의 편의상 중송(重頌)으로 거듭 되는 부분은 넣지 않았습니다.

세월이 무상하다 하지만 준비하지 않으면 내일이 없고, 시대가 어렵다 하지만 원력의 뜻을 품으면 이루지 못할 것이 없습니다. 금생에 법화경 만난 인연을 이생에 가장 큰 행운이라 여기시어 전륜

왕의 계주(繫珠)를 받아지니듯 수(受)·지(持)·독송(讀誦)·해설(解說)·
서사(書寫)하는 참된 법화행자로서 살아가시길 바랍니다.

　끝으로 이번 책이 나오기까지 함께 해주신 수현심 보살과 법화
경 연구회원들에게 감사의 인사를 보냅니다.
　이 인연공덕으로 모든 이들이 부처님의 혜명을 잇고 세세생생
보살도를 닦기를 바라는 마음 간절합니다. 나무관세음보살.

2023년 10월 4일
통도사 패엽실에서 수담 인해

법화경 사구게

諸法從本來 常自寂滅相
제법종본래 상자적멸상

佛子行道已 來世得作佛
불자행도이 내세득작불

모든 법은 본래부터 항상 스스로 적멸의 모습이니
불자들이 이런 도를 수행하면 오는 세상에 성불하리라.

차례

머리말   4

법화경 法華經

제1권 1. 서품 序品   13

        2. 방편품 方便品   29

제2권 3. 비유품 譬喩品   42

        4. 신해품 信解品   65

제3권 5. 약초유품 藥草喩品   81

        6. 수기품 授記品   87

        7. 화성유품 化城喩品   95

제4권 8. 오백제자수기품 五百弟子授記品   130

        9. 수학무학인기품 授學無學人記品   140

        10. 법사품 法師品   147

        11. 견보탑품 見寶塔品   158

        12. 제바달다품 提婆達多品   172

　　　　　　13. 권지품 權持品　　　　　　　　　　　185

제5권　14. 안락행품 安樂行品　　　　　　　　　194

　　　　　　15. 종지용출품 從地涌出品　　　　　　207

　　　　　　16. 여래수량품 如來壽量品　　　　　　223

　　　　　　17. 분별공덕품 分別功德品　　　　　　236

제6권　18. 수희공덕품 隨喜功德品　　　　　　247

　　　　　　19. 법사공덕품 法師功德品　　　　　　255

　　　　　　20. 상불경보살품 常不輕菩薩品　　　265

　　　　　　21. 여래신력품 如來神力品　　　　　　274

　　　　　　22. 촉루품 囑累品　　　　　　　　　　280

　　　　　　23. 약왕보살본사품 藥王菩薩本事品　284

제7권　24. 묘음보살품 妙音菩薩品　　　　　　304

　　　　　　25. 관세음보살보문품 觀世音菩薩普門品　319

　　　　　　26. 다라니품 陀羅尼品　　　　　　　　338

　　　　　　27. 묘장엄왕본사품 妙莊嚴王本事品　348

　　　　　　28. 보현보살권발품 普賢菩薩勸發品　361

우리말 법화경 약찬게　　　　　　　　　　　374

法華經 略纂偈　　　　　　　　　　　　　　384

우리말

법화경

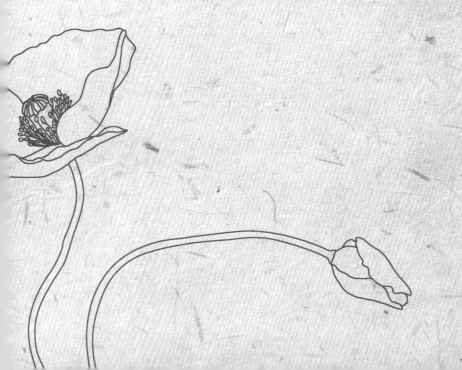

제1 서 품

    이와 같이 나는 들었습니다. 어느 날 부처님께서 마갈타국 왕사성의 기사굴산에서 큰 비구 스님 일만이천 명과 함께 계셨습니다. 그들은 모두 아라한으로서 모든 망상이 이미 다하여 번뇌가 없으며, 자신의 진정한 이익을 얻어서 모든 존재의 속박을 벗어나 마음이 자재로웠습니다. 그분들의 이름은 아야교진여, 마하가섭, 우루빈나가섭, 가야가섭, 나제가섭, 사리불, 대목건련, 마하가전연, 아누루타, 겁빈나, 교범바제, 이바다, 필릉가바차, 박구라,

마하구치라, 난타, 손타라난타, 부루나미다라니자, 수보리, 아난, 라후라 등 이와 같이 사람들에게 잘 알려진 큰 아라한들이었습니다. 또 배우는 이와 다 배운 이들 이천 명이 있었고, 마하파사파제 비구니는 그의 권속 육천 명과 함께 있었으며, 라후라의 어머니인 야수다라 비구니도 그의 권속들과 함께 있었습니다.

그리고 팔만 명의 보살마하살들은 모두 아뇩다라삼먁삼보리에서 물러나지 아니하여 모두 다라니와 설법 잘하는 변재를 얻어 불퇴전의 법륜을 굴리며 한량없는 백천의 부처님들께 공양 올렸습니다. 모든 부처님의 처소에서 온갖 덕의 근본을 심어서 항상 부처님들의 칭찬을 받았으며, 자비로 몸을 닦아 부처님의 지혜에 잘 들었으며, 큰 지혜를 통달하여 열반의 언덕에 이르러 그 명성이 한량없는 세계에 널리 퍼져 무수한 백천만 억을 제도하시었습니다.

그 보살들의 이름은 문수보살과 관세음보살, 득대세보살, 상정진보살, 불휴식보살, 보장보살, 약왕보살, 용시보살, 보월보살, 월광보살, 만월보살, 대력보살, 무량력보살, 월삼계보살, 발타바라보살, 미륵보살, 보적보살, 도사보살이었으며 이와 같은 보살마하살 팔만 명이 함께 있었습니다.

그때에 석제환인은 그의 권속 이만 천자와 함께 있었으며, 또 명월천자, 보향천자, 보광천자와 사대천왕이 그의 권속 일만 천자와 함께 있었으며, 자재천자와 대자재천자가 그의 권속 삼만 천자와 함께 있었으며, 사바세계의 주인인 범천왕, 시기대범천왕과 광명대범천왕도 그의 권속 일만이천 천자와 함께 있었습니다.

또 여덟 용왕인 난타용왕, 발난타용왕, 사가라용

왕, 화수길용왕, 덕차가용왕, 아나바달다용왕, 마나사용왕, 우발라용왕 등이 각각 백천 권속들과 함께 있었습니다. 네 긴나라왕인 법긴나라왕, 묘법긴나라왕, 대법긴나라왕, 지법긴나라왕 등이 각각 백천 권속들과 함께 있었으며, 네 건달바왕인 악건달바왕, 악음건달바왕, 미건달바왕, 미음건달바왕이 각각 백천 권속들과 함께 있었습니다. 또 네 아수라왕인 바치아수라왕, 거라건타아수라왕, 비마질다라아수라왕, 라후아수라왕이 각각 백천 권속들과 함께 있었습니다. 네 가루라왕인 대위덕가루라왕, 대신가루라왕, 대만가루라왕, 여의가루라왕이 각각 백천 권속들과 함께 있었습니다. 위제희의 아들 아사세왕도 여러 백천 권속들과 함께 각각 부처님 발에 예배하고 한쪽으로 물러나 앉았습니다.

그때에 세존께서는 사부대중에게 둘러싸여 공

양과 공경과 존중과 찬탄을 받으시며, 모든 보살들을 위하여 대승경을 설하시니 이름이 무량의경이었습니다. 이는 보살을 가르치는 법이며, 부처님께서 보호하고 생각하시는 바이었습니다. 부처님께서 이 경전을 설하여 마치신 후, 결가부좌를 하시고 무량의처삼매에 드시니 몸과 마음이 흔들리지 않으셨습니다.

그때에 하늘에서는 만다라꽃, 마하만다라꽃, 만수사꽃, 마하만수사꽃이 비 오듯 내려 부처님과 여러 대중 위에 뿌려졌으며, 모든 부처님 세계는 여섯 가지로 진동하였습니다. 그때에 법회에 모여 있던 비구, 비구니, 우바새, 우바이, 천신, 용, 야차, 건달바, 아수라, 가루라, 긴나라, 마후라가, 사람과 사람 아닌 이와 작은 나라 왕과 전륜성왕 등 모든 대중이 일찍이 없었던 일이라 환희하여 합장하고 일심으로 부처님을 우러러 보았습니다.

그때에 부처님께서 미간의 백호상에서 광명을 놓아 동방으로 일만팔천 세계를 두루 비추니 아래로는 아비지옥에 이르고 위로는 아가니타천까지 이르렀으며, 이 세계에서 저 국토의 육도 중생을 모두 볼 수 있었습니다. 또 저 국토에 현재 계시는 모든 부처님을 볼 수 있었으며, 여러 부처님께서 설하시는 경전의 가르침도 들을 수 있었습니다. 아울러 그곳의 모든 비구, 비구니, 우바새, 우바이들이 온갖 행을 닦아 득도하는 것과, 많은 보살마하살들의 갖가지 인연과 갖가지 믿고 이해하는 것과, 갖가지 모습으로 보살도를 행하는 것도 볼 수 있었습니다. 또 모든 부처님께서 열반에 드시는 것과 열반에 드신 뒤에 부처님의 사리로 칠보탑을 세우는 것도 볼 수 있었습니다.

그때에 미륵보살이 이렇게 생각하였습니다.

'지금 부처님께서 신통 변화의 모습을 나타내시니, 무슨 인연으로 이러한 상서로움이 있는 것일까? 지금 부처님께서는 삼매에 드셨으니, 이것은 불가사의하고 희유한 일을 나타내는 것이다. 마땅히 누구에게 물어볼 것이며, 누가 분명히 대답해 줄 것인가?'

다시 이렇게 생각하였습니다.

'문수사리법왕자는 일찍이 과거 한량없는 부처님들을 가까이 모시고 공양해 왔었고, 반드시 이러한 희유한 일을 보았을 것이니 내가 이제 마땅히 물어보리라.'

그때에 비구, 비구니, 우바새, 우바이와 천신, 용, 귀신들도 모두 이렇게 생각하였습니다. '부처님의 광명과 신통의 일을 지금 누구에게 물어야 할 것인가?'

그때에 미륵보살이 자신의 의심도 풀고 또 사부 대중인 비구, 비구니, 우바새, 우바이와 천신, 용, 귀신 등 법회 대중의 마음도 풀기 위하여 문수사리보살에게 여쭈었습니다. "무슨 인연으로 이렇게 상서롭고 신통한 일이 있으며, 큰 광명을 놓으사 동방으로 일만팔천 국토를 비추시어 저 부처님 세계의 장엄함을 모두 볼 수 있게 하십니까?"

그때에 문수보살이 미륵보살과 모든 보살들에게 말씀하였습니다.

"선남자들이여, 내가 헤아려 생각해보니 지금 부처님께서 큰 법을 설하고자 하시며, 큰 법비를 내리시며, 큰 법의 소라를 부시고, 큰 법의 북을 치시며, 큰 법의 뜻을 연설하시려는 것 같습니다. 모든 선남자들이여, 나는 과거 여러 부처님들로부터 일찍이 이러한 상서를 보았으니, 이런 광명을 놓으시고는 큰 법문을 설하셨습니다. 그러므로 마땅히 아시오. 오늘 부처님께서 광명을 나타내시는 것도 역시 그와 같아서 중생에게 일체 세간에서 믿기 어려운 법을 듣고 알게 하시려고 이러한 상서를 나타내신 것입니다.

모든 선남자들이여, 과거 한량없고 가이없으며 불가사의한 아승지 겁 그때에 부처님이 계셨으니, 이름이 일월등명여래, 응공, 정변지, 명행족, 선서, 세간해, 무상사, 조어장부, 천인사, 불세존이었습니다. 그 부처님께서 정법을 연설하시니 처음도 훌륭하고 중간도 훌륭하고 끝도 훌륭하셨습니다. 그 뜻이 심원하고 그 말씀도 미묘하여 순수하고 잡됨이 없어서 맑고 깨끗한 범행의 모습도 갖추셨습니다.

성문을 구하는 이에게는 네 가지 성스러운 가르침을 설하여 생로병사에서 벗어나 마침내 열반에 이르게 하셨으며, 벽지불을 구하는 이에게는 십이인연법을 설하셨으며, 모든 보살들을 위해서는 육바라밀을 알맞게 설하시어 아뇩다라삼먁삼보리를 얻게 하여 일체종지를 이루게 하셨습니다.

그 다음에 또 부처님이 계셨으니 이름이 일월등명이라 하셨으며, 그 다음에도 부처님이 계셨으니 역시 이름이 일월등명이었습니다. 이와 같이 이만 부처님께서 모두 동일하게 이름이 일월등명이었으며, 성도 똑같이 파라타였습니다.

미륵보살이여, 마땅히 알아야 합니다. 처음 부처님과 뒤의 부처님이 모두 일월등명이시며 열 가지 명호가 구족하였고, 법을 설함에 있어서도 처음과 중간과 끝이 모두 훌륭하였습니다. 그 최후의 부처님께서 출가하시기 전에 여덟 왕자가 있었으니, 첫째 이름은 유의요, 둘째는 선의요, 셋째는 무량의요, 넷째는 보의요, 다섯째는 증의요, 여섯째는 제의의요, 일곱째는 향의요, 여덟째는 법의였습니다. 이 여덟 왕자는 위엄과 덕이 자재하여 각각 사천하를 다스렸습니다.

이 왕자들은 아버지께서 출가하시어 아뇩다라삼먁삼보리를 얻으셨다는 소식을 듣고는 모두 왕위를 버리고 따라서 출가하여 대승의 뜻을 일으키고 항상 범행을 닦아 모두 법사가 되었으며, 이미 천만 부처님 처소에서 온갖 선한 근본을 심었습니다.

그때에 일월등명불께서 대승경을 설하셨으니 이름이 무량의경이라, 보살들을 가르치는 법이며 부처님께서 보호하시고 생각하시는 바이었습니다. 이 경전을 설하시고는 곧 대중 가운데서 결가부좌를 하시고 무량의처삼매에 드시어 몸과 마음이 조금도 움직이지 않으셨습니다. 이때 하늘에서는 만다라꽃과 마하만다라꽃과 만수사꽃과 마하만수사꽃이 비 오듯 내려 부처님 머리 위와 모든 대중에게 흩날렸고, 부처님의 넓은 세계는 여섯 가지로 진동하였습니다.

그때에 법회에 모여 있던 비구, 비구니, 우바새, 우바이, 천신, 용, 야차, 건달바, 아수라, 가루라, 긴나라, 마후라가, 사람과 사람 아닌 이와 여러 작은 나라의 왕과 전륜성왕 등 많은 대중이 일찍이 없었던 일을 만나 환희하여 합장하고 일심으로 부처님을 우러러보았습니다. 그때에 여래께서 미간의 백호상으로부터 광명을 놓아 동방으로 일만팔천 세계를 비추니 두루 비치지 않은 곳이 없는 것이 마치 지금 보는 모든 부처님 세계와 같았습니다.

미륵보살이여, 마땅히 알아야 합니다. 그때에 법회에 모여 있던 이십억 보살들은 법문 듣기를 좋아하였는데, 이 보살들은 광명이 부처님 세계에 널리 비치는 것을 보고 일찍이 없던 일임을 알고 이 광명이 비치는 인연을 알고자 하였습니다.

당시 한 보살이 있었으니 이름이 묘광이라, 팔백 제자를 거느리고 있었습니다. 이때 일월등명불께서 삼매로부터 일어나 묘광보살로 인하여 대승경을 설하시니 이름이 묘법연화경이었습니다. 보살들을 가르치는 법이며, 부처님께서 보호하고 생각하시는 바이었습니다. 육십 소겁 동안을 자리에서 일어나지 않으셨으며, 법회에서 설법을 듣는 이들도 또한 한자리에 앉아서 육십 소겁 동안 몸과 마음을 움직이지 않고 부처님의 말씀을 들었는데, 마치 밥 한끼 먹는 시간과 같았습니다. 이때 대중 가운데 한 사람도 몸이나 마음으로 지루하게 여긴 이가 없었습니다.

일월등명불께서 육십 소겁 동안 묘법연화경을 설하시고 곧 범천과 마군과 사문과 바라문과 천신과 사람과 아수라들 가운데서 이렇게 말씀하셨습니다. '여래는 오늘 밤중에 무여열반에 들것이다.'라고 말씀하셨습니다. 당시 한 보살이 있었으니 이름이 덕장이라, 일월등명불께서 곧 그에게 수기를 주시며 모든 비구들에게 말씀하셨습니다. '이 덕장보살은 다음에 반드시 성불하리니, 이름은 정신, 다타아가도, 아라하, 삼먁삼불타라 하리라.' 부처님께서는 수기를 주시고 곧 밤중에 무여열반에 드셨습니다.

부처님께서 열반에 드신 뒤에 묘광보살은 묘법연화경을 가지고 팔십 소겁이 다하도록 사람들을 위하여 연설하였습니다. 일월등명불의 여덟 왕자들도 모두 묘광보살을 스승으로 삼았고, 묘광보살은 그들을 교화하여 아뇩다라삼먁삼보리를 견고하게 하였습니다. 그리하여 그 왕자들은 백천만 억 부처님께 공양을 올리고 모두 불도를 이루었으며 그 최후에 성불한 분의 이름이 연등불이었습니다.

묘광보살의 팔백제자 가운데 한 사람이 있었으니 이름이 구명이라, 이익과 명리에 탐착하여 비록 여러 경전을 읽더라도 그 뜻을 알지 못하고 잊어버리는 것이 많았으므로 구명이라 이름하였습니다. 이 사람 또한 온갖 선근을 심은 인연으로 한량없는 백천만 억의 많은 부처님을 만나서 공양하고 공경하며 존중하고 찬탄하였습니다.

미륵보살이여, 마땅히 알아야 합니다. 그때의 묘광보살이 어찌 다른 사람이겠습니까? 바로 나 문수였으며, 구명보살은 바로 당신이었습니다. 지금 이 상서를 보니 그때와 다름이 없습니다. 그러므로 헤아려 보건대, 오늘 부처님께서는 마땅히 대

승경을 설하시리니, 그 이름은 묘법연화경이라, 보
살을 가르치는 법이며, 부처님께서 보호하고 생각
하시는 바입니다."

제2 방편품

그때에 세존께서 삼매로부터 조용히 일어나 사리불에게 말씀하셨습니다.

"모든 부처님의 지혜는 매우 깊고 한량이 없으며, 그 지혜의 문은 이해하기도 어렵고 들어가기도 어려워서, 일체 성문이나 벽지불은 능히 알 수 없느니라. 왜냐하면 부처님은 일찍이 백천만 억의 무수한 부처님을 친근하여, 모든 부처님의 한량없는 수행법을 닦고 용맹정진하였으므로 그 이름이 널리 알려졌느니라. 또한 매우 깊고 일찍이 없던 법

을 성취하였기에 마땅함을 따라 설했으니 그 뜻을
알기 어려우니라.

사리불이여, 내가 성불한 이래로 갖가지 인연과
갖가지 비유로 널리 가르침을 폈으며, 무수한 방편
으로 중생을 인도하여 모든 집착을 떠나게 하였느
니라. 왜냐하면 여래는 방편바라밀과 지견바라밀
을 모두 갖추었기 때문이니라.

사리불이여, 여래의 지견은 매우 넓고 크고 깊
고 멀어서 사무량심과 사무애와 십력과 사무소외
와 선정과 해탈과 삼매에 끝없이 깊이 들어가 온
갖 미증유한 법을 성취하였느니라.

사리불이여, 여래는 능히 갖가지로 분별하여 모
든 법을 훌륭하게 설하시니, 말씀이 부드러워 중생
의 마음을 기쁘게 하느니라.

사리불이여, 요점만 말하자면 한량없고 가없으
며 미증유한 법을 부처님이 모두 성취하였느니라.

그만두어라. 사리불이여, 다시 더 말할 필요가 없느니라. 왜냐하면 부처님이 성취한 제일 희유하고 이해하기 어려운 법은 오직 깨달은 부처님들만이 능히 모든 법의 실상을 다 알기 때문이니라. 이른바 모든 법의 이러한 모양, 이러한 성품, 이러한 본체, 이러한 힘, 이러한 작용, 이러한 원인, 이러한 조건, 이러한 결과, 이러한 과보, 이러한 시작과 끝이 궁극에는 평등함이니라."

그때에 대중 가운데 모든 성문들과 번뇌가 다한 아라한인 아야교진여 등 천이백 명과 성문과 벽지불의 마음을 내었던 비구, 비구니, 우바새, 우바이들이 각각 이렇게 생각하였습니다.

'지금 세존께서 무슨 까닭으로 은근히 방편을 찬탄하시며 말씀하시기를 부처님께서 깨달으신 법은 매우 깊고 이해하기 어려워 말씀하신 뜻을 알기 어려우며, 모든 성문이나 벽지불로는 능히 미칠 수 없다고 하시는가? 그러나 부처님께서 해탈의 뜻을 말씀하셨고, 우리들도 역시 그 법을 얻어서 열반에 이르렀거늘, 지금 이렇게 말씀하시는 뜻을 알 수가 없구나.'

그때에 사리불은 사부대중이 의심하는 마음을 알고 자신도 분명히 알지 못하여 부처님께 여쭈었습니다.

"세존이시여, 무슨 인연으로 모든 부처님의 제일가는 방편이 매우 깊고 미묘하여 이해하기 어려운 법이라고 은근히 찬탄하십니까? 저는 예전부터 일찍이 부처님께서 이렇게 말씀하시는 것을 들어 본 적이 없습니다. 지금 사부대중이 모두 다 궁금해하고 있으니 바라옵건대 세존께서는 이 일을 알기 쉽게 말씀해 주시옵소서. 세존께서 무슨 까닭으로 매우 깊고 미묘하여 이해하기 어려운 법이라고 은근히 찬탄하십니까?"

그때에 부처님께서 사리불에게 말씀하셨습니다.

"그만두어라, 그만두어라. 다시 더 말할 필요가 없느니라. 만약 이 일을 말한다면 모든 세상의 천신과 사람들이 다 놀라고 의심할 것이니라."

사리불이 거듭 부처님께 여쭈었습니다.

"세존이시여, 부디 말씀해 주시옵소서! 부디 말씀해 주시옵소서! 왜냐하면 여기 모인 무수한 백천만 억 아승지의 중생은 일찍이 많은 부처님을 친견하여 모두 근기가 영리하고 지혜가 밝아서 부처님의 말씀을 들으면 능히 공경하고 믿을 것입니다."

부처님께서 거듭 '그만두어라.' 하시며 말씀하셨습니다. "사리불이여, 만약 이 일을 말한다면 모든 세상의 천신과 사람들과 아수라들이 모두 놀라고 의심할 것이며, 교만이 높은 비구는 장차 큰 구렁텅이에 떨어질 것이니라."

그때에 사리불이 거듭 부처님께 여쭈었습니다.
"세존이시여, 부디 말씀해 주시옵소서! 부디 말
씀해 주시옵소서! 지금 이 법회에 모인 저와 같은
백천만 억 대중은 세세생생 이미 부처님의 교화를
받았습니다. 이 사람들은 반드시 공경하고 믿음을
내어서 긴긴밤이 편안하며 이익되는 바가 많을 것
입니다."

그때에 부처님께서 사리불에게 말씀하셨습니다.
"그대가 간곡하게 세 번이나 청하였으니, 어찌
말하지 않을 수 있겠는가. 그대는 이제 자세히 듣
고 잘 생각하여라. 내가 마땅히 그대를 위해서 분
별하여 해설해 주리라."

이 말씀을 하실 때에 법회에 있던 비구, 비구니,
우바새, 우바이 오천 명이 곧 자리에서 일어나 부

처님께 예배하고 물러갔습니다. 왜냐하면 이 무리는 죄의 뿌리가 깊고 무거우며 교만하여 얻지 못한 것을 얻었다 하고, 깨닫지 못한 것을 깨달았다고 하는 이러한 허물이 있었기 때문에 머물러 있지 않았는데, 세존께서도 묵묵히 계시며 말리지 않으셨습니다.

그때에 부처님께서 사리불에게 말씀하셨습니다.

"지금 여기 있는 나의 대중은 가지나 잎은 없고 순전히 열매만 남아 있느니라. 사리불이여, 저와 같은 교만한 자들은 물러가도 좋으리라. 그대들은 이제 잘 들으라. 마땅히 그대들을 위해 설하리라."

사리불이 말씀하였습니다.

"예, 세존이시여. 바라옵건대 듣고자 하옵니다."

부처님께서 사리불에게 말씀하셨습니다.

"이렇게 미묘한 법은 모든 부처님 여래께서 때

가 되어야 말씀하시는 것이니, 마치 우담바라꽃이 때가 되어야 한 번 피는 것과 같느니라. 사리불이여, 그대들은 마땅히 부처님께서 설하시는 것을 믿어야 하나니, 그 말씀은 허망하지 않느니라. 사리불이여, 모든 부처님께서 마땅한 대로 법을 설하는 그 뜻은 이해하기 어려우니라. 왜냐하면, 내가 무수한 방편과 갖가지 인연과 비유와 말로써 많은 법을 연설하였지만, 이 법은 생각으로 헤아리거나 분별로써 이해할 수 없기 때문이니라. 오직 부처님들만이 능히 알 수 있느니라. 왜냐하면 모든 부처님 세존께서는 오직 일대사인연으로 이 세상에 출현하시기 때문이니라.

사리불이여, 무엇을 부처님 세존께서 오직 일대사인연으로 이 세상에 출현하신다고 하는가? 모든 부처님 세존께서는 중생으로 하여금 부처님의 지혜를 열어서 청정하게 하려고 세상에 출현하시며,

중생으로 하여금 부처님의 지혜를 보여주려고 세상에 출현하시며, 중생으로 하여금 부처님의 지혜를 깨닫게 하려고 세상에 출현하시며, 중생으로 하여금 부처님의 지혜의 길로 들어가게 하려고 세상에 출현하시느니라. 사리불이여, 이것을 모든 부처님께서 오직 일대사인연을 위하여 세상에 출현하시는 것이라 하느니라."

부처님께서 사리불에게 말씀하셨습니다.
"모든 부처님 여래께서는 다만 보살들을 교화하려 하시기에, 모든 하시는 것들이 항상 한가지 일을 위한 것으로, 오직 부처님의 지혜를 중생에게 보여주고 깨닫게 하기 위한 것이니라. 사리불이여, 여래께서는 오직 일불승으로 중생을 위하여 법을 설함이요, 이승이나 삼승이나 다른 승은 없느니라. 사리불이여, 모든 시방세계에 계신 여러 부처님의 법도 또한 이와 같느니라.

사리불이여, 과거의 모든 부처님께서 한량없는 무수한 방편과 갖가지 인연과 비유와 말로써 중생을 위하여 많은 법을 연설하셨으니, 이 법이 모두 일불승을 위한 것으로, 이 모든 중생이 부처님으로부터 법을 듣고는 마침내 모두 일체종지를 얻었느니라.

사리불이여, 미래의 모든 부처님께서 앞으로 세상에 출현하시며 또한 한량없는 무수한 방편과 갖가지 인연과 비유와 말로써 중생을 위하여 많은 법을 연설하시리니, 이 법도 모두 일불승을 위한 것으로, 이 모든 중생이 부처님으로부터 법을 듣고 마침내 모두 일체종지를 얻을 것이니라.

사리불이여, 현재 시방세계의 한량없는 백천만억 불국토에 계시는 모든 부처님 세존께서도 중생을 많이 이익되게 하시고 안락하게 하시니, 이 모든 부처님께서도 또한 한량없는 무수한 방편과 인연과 비유와 말로써 중생을 위하여 많은 법을 연설하시느니라. 이 법은 모두 일불승을 위한 것으로, 이 모든 중생이 부처님으로부터 법을 듣고 마침내 모두 일체종지를 얻느니라.

사리불이여, 모든 부처님께서는 다만 보살들을 교화하여 부처님의 지혜를 중생에게 보여주려는 것이며, 부처님의 지혜를 중생으로 하여금 깨닫게 하시려는 것이며, 중생으로 하여금 부처님의 지혜에 들어가게 하려는 것이니라.

사리불이여, 나도 지금 또한 그와 같아서 모든 중생이 갖가지 욕망과 마음속 깊은 집착을 알아, 그 본성을 따라서 갖가지 인연과 비유와 말과 방편의 힘으로 법을 설하느니라. 사리불이여, 이렇게 하는 것은 모두 일불승과 일체종지를 얻게 하려는 것이니라.

사리불이여, 시방세계에는 이승도 없거늘 하물며 삼승이 있겠느냐. 사리불이여, 모든 부처님께서는 다섯 가지 흐리고 악한 세상에 출현하시니, 이른바 겁탁, 번뇌탁, 중생탁, 견탁, 명탁이니라. 사리불이여, 겁이 흐리고 어지러운 시대에는 중생이 번뇌가 많아서 간탐하고 질투하여 온갖 좋지 못한 선근을 이루므로, 부처님께서는 방편력으로 일불승을 나누어 삼승을 설하시느니라.

사리불이여, 만일 나의 제자가 스스로 아라한이나 벽지불이라고 말하면서 모든 부처님께서는 다만 보살만을 교화하신다는 것을 듣지도 못하고 알지도 못한다면, 부처님의 제자도 아니고 아라한도 아니며 벽지불도 아니니라.

또 사리불이여, 이 비구와 비구니들이 스스로

이르기를, '이미 아라한을 얻어 최후의 몸이 되었으니 마침내 열반에 이르리라.' 하고, 다시는 아뇩다라삼먁삼보리를 구하려는 뜻이 없다면 이러한 무리는 모두 교만이 높은 자들인 줄 알아야 하느니라. 왜냐하면, 만약 어떤 비구가 진실로 아라한 과를 얻었다면 이 법을 믿지 않을 수 없느니라. 다만 부처님께서 열반하신 후 부처님께서 계시지 않을 때는 제외하느니라. 왜냐하면 부처님께서 열반하신 후에는 이런 경전을 받아 지니고 읽고 외우고 뜻을 이해하는 사람을 만나기 어렵기 때문이니라. 만약 다른 부처님을 만난다면 이 법 가운데서 곧 깨달을 수 있을 것이니라.

사리불이여, 그대들은 마땅히 일심으로 믿고 이해하여 부처님의 말씀을 받아 지닐지니라. 모든 부처님 여래의 말씀은 허망하지 않으니, 다른 승은 없고 오직 일불승만 있느니라."

제3 비유품

그때에 사리불이 뛸 듯이 기뻐하며 자리에서 일어나 합장하고 부처님의 존안을 우러러보며 말씀드렸습니다.

"지금 세존으로부터 이러한 법문을 들으니 마음이 뛸 듯이 기쁘며 일찍이 없던 일을 얻었습니다. 왜냐하면, 제가 예전에 부처님으로부터 '모든 보살들은 수기를 받아 성불하리라' 하는 이와 같은 법문을 들었으나, 저희들은 이 일에 참여하지 못하였기에 여래의 한량없는 지혜를 잃었다고 스스로 몹시 상심하였습니다. 세존이시여, 저는 항상 홀로 숲속의 나무 아래에서 앉거나 거닐면서 늘 이렇게 생각하였습니다. '우리들도 똑같이 법의 성품에 들었거늘, 어찌하여 여래께서는 소승법으로 제도하시는가?' 이것은 저희들의 허물이지 세존의 탓이 아니었습니다. 왜냐하면 만약 저희들이 부처님께서 아뇩다라삼먁삼보리를 성취하는 인연을 말씀하실 때까지 기다렸다면 반드시 대승으로써 제도하였을 것이지만, 저희들은 방편과 마땅함을 따라 말씀하신 줄을 알지 못하고 처음 불법을 듣고는 곧 믿고 받아들여 깨달음을 얻었다고 생각하였습니다.

세존이시여, 제가 예전부터 지금까지 날이 저물고 밤이 새도록 항상 스스로를 책망하였는데, 이제 부처님으로부터 듣지 못했던 미증유의 법을 듣고 모든 의심이 끊어져 몸과 마음이 태연하고 좋으며 편안하게 되었습니다. 오늘에서야 진정한 부처님의 아들이 되었으며, 부처님의 법문을 듣고 태어났으며, 법으로부터 화생하여 불법의 몫을 얻게 되었습니다."

그때에 부처님께서 사리불에게 말씀하셨습니다.

"내가 이제 천신과 사람과 사문과 바라문 등의 대중에게 말하노라. 내가 옛날 이만 억 부처님 처소에서 위없는 깨달음을 위하여 항상 그대들을 교화하였고, 그대들 또한 오랜 세월 나를 따라 배웠느니라. 내가 방편으로 그대들을 인도하였으므로 나의 법 가운데에서 태어났느니라.

사리불이여, 내가 예전에 그대에게 불도의 뜻을 세우도록 하였거늘, 그대는 지금 모두 잊어버리고 스스로 이미 열반을 얻었다고 하니, 내가 지금 그대로 하여금 본래 서원으로 행하려던 도를 다시

기억나게 하고자 성문들에게 대승경을 설하려 하
노니 이름이 묘법화경이라, 보살들을 가르치는 법
이며 부처님께서 보호하고 생각하시는 바이니라.

사리불이여, 그대는 오는 세상에 한량없고 가
이없으며 불가사의한 겁을 지나면서 여러 천만 억
부처님께 공양하고 정법을 받들어 지니며 보살이
닦아야 할 도를 갖추어서 반드시 성불할 것이니,
이름은 화광여래, 응공, 정변지, 명행족, 선서, 세간
해, 무상사, 조어장부, 천인사, 불세존이니라. 세계
의 이름은 이구요, 그 땅은 평평하고 바르며 청정
하게 꾸며져 편안하고 풍족하여 천신과 사람들이
매우 많으리라. 유리로 땅이 되고 여덟 갈래의 길
이 있으며 황금줄로 길가에 경계를 치고, 그 곁에
는 각각 칠보로 된 가로수가 있어서 항상 꽃과 열
매가 있으리라. 화광여래께서도 역시 삼승으로써

중생을 교화하시리라.

사리불이여, 그 부처님께서 출현하실 때가 비록 악한 세상은 아니지만 본래의 서원으로 삼승법을 설하실 것이니라. 그 겁의 이름은 대보장엄이라 하는데, 어찌하여 대보장엄이라 하는가 하면, 그 나라에서는 보살을 큰 보배로 삼기 때문이니라. 그 보살들은 한량없고 가이없으며 불가사의하고 숫자나 비유로도 능히 미칠 수 없음이요, 부처님 지혜의 힘이 아니면 능히 알 사람이 없느니라. 만약 다니고자 할 때면 보배꽃이 발을 받들 것이니, 이 모든 보살들은 처음으로 마음을 낸 것이 아니라 모두 오랫동안 덕의 근본을 심었으며 한량없는 백천만 억 부처님 처소에서 깨끗이 범행을 닦아 항상 모든 부처님의 칭찬을 받았느니라. 그들은 항상 부처님의 지혜를 닦아 큰 신통력을 갖추어 일체 모든 법의 문을 잘 알며, 성품이 바르고 거짓이 없어서 뜻이 견고하니, 이러한 보살들이 그 나라에 가득하느니라.

사리불이여, 화광부처님의 수명은 십이 소겁이니, 왕자로 성불하기 전은 제외한 것이며, 그 나라 백성들의 수명은 팔 소겁이니라. 화광여래께서 십이 소겁을 지내고는 견만보살에게 아뇩다라삼먁삼보리의 수기를 주시며 모든 비구들에게 말하기를 '이 견만보살이 다음에 부처님이 되리니 이름은 화족안행, 다타아가도, 아라하, 삼먁삼불타라 하며 그 부처님의 나라도 역시 이와 같으리라.'고 하실 것이니라. 사리불이여, 이 화광부처님께서 열반하신 뒤에 정법이 세상에 머물기는 삼십이 소겁이요, 상법이 세상에 머무는 것도 역시 삼십이 소겁이니라."

그때에 사부대중인 비구, 비구니, 우바새, 우바이, 천신, 용, 야차, 건달바, 아수라, 가루라, 긴나라, 마후라가 등 모든 대중은 사리불이 부처님 앞에서 아뇩다라삼먁삼보리의 수기를 받는 것을 보고는, 마음이 크게 기뻐서 한량없이 즐거워하며 제각각 입고 있던 웃옷을 벗어 부처님께 공양하였습니다. 석제환인과 범천왕들도 무수한 천자들과 함께 역시 하늘의 미묘한 옷과 하늘의 만다라꽃과 마하만다라꽃 등으로 부처님께 공양하니, 흩어진 하늘 옷이 허공 중에 머물며 저절로 돌고, 모든 하늘의 백천 만 가지 악기들은 허공에서 일시에 울려 퍼지며, 하늘 꽃들이 비 오듯 내리는데, 이러한 말씀이 들려왔습니다.

"부처님께서 옛날 바라나에서 처음으로 법륜을 굴리시더니, 이제 다시 위없는 가장 큰 법륜을 굴리시네."

그때에 사리불이 부처님께 말씀드렸습니다.

"세존이시여, 저는 이제 다시는 의심이 없으며, 친히 부처님 앞에서 아뇩다라삼먁삼보리의 수기를 받았습니다. 그러나 마음이 자재한 천이백 명은 옛날에 배웠던 경지에 있을 때 부처님께서 항상 교화하시기를 '나의 법은 생, 노, 병, 사를 여의고 마침내 열반에 이르리라.'고 하셨습니다. 여기 배우는 이와 다 배운 이들도 각각 스스로 '나'라는 견해와 '있다' '없다' 하는 견해를 떠나서 열반을 얻었다고 하더니, 지금 세존 앞에서 듣지 못했던 말씀을 듣고 모두 의혹에 빠졌습니다. 거룩하신 세존이시여, 원하옵건대 사부대중을 위하여 그 인연을 말씀하시어 의심에서 벗어나게 하여 주시옵소서."

그때에 부처님께서 사리불에게 말씀하셨습니다.

"내가 먼저 말하지 않았던가. 모든 부처님 세존께서 여러 가지 인연과 비유와 말과 방편으로 법을 설하는 것은 모두 아뇩다라삼먁삼보리를 위한 것이며, 이 모든 말씀은 모두 보살을 교화하기 위한 것이니라. 그러므로 사리불이여, 지금 마땅히 다시 비유로써 이 뜻을 한 번 더 분명히 밝히리니, 모든 지혜 있는 사람들은 비유로써 이해할 수 있으리라.

사리불이여, 어떤 나라의 한 마을에 큰 장자가 있었는데, 매우 늙었으나 재산이 한량없이 많고, 전답과 가옥과 하인들도 많았느니라. 그 집은 매우 크고 넓었으나 문은 하나뿐이었고, 식구가 많아서 일백에서 이백, 내지 오백 명의 사람들이 그 집에서 살고 있었느니라. 집과 누각은 낡았으며, 담과 벽은 퇴락하고, 기둥은 썩고 대들보는 기울어져 위험하였는데, 갑자기 사방에서 불길이 일어나 집을 에워싸느니라. 그때에 장자의 자식 열 명, 스무 명, 내지 삼십 명이 그 집안에 있었느니라.

장자는 큰 불이 사방에서 타오르는 것을 보고 크게 놀라고 두려워하며 이렇게 생각하였느니라. '나는 비록 이 불타는 집에서 무사히 나왔지만, 자식들은 불타는 집 안에서 즐겁게 노느라 불이 난 것을 알지도 못하고, 놀라지도 않고 두려워하지도 않는구나. 불길이 몸에 닿아서 고통이 극심할지라도 싫어하거나 걱정하지 않으며 나오려는 생각도 하지 않는구나.'

사리불이여, 장자는 또 이렇게 생각하였느니라. '나는 몸과 손에 힘이 있으니 아이들을 옷을 담는 상자나 궤짝으로 담아 들고 나오리라.' 하다가 다시 생각하기를 '이 집의 문은 하나뿐이고 또 협

소한데 아이들은 어려 아는 것이 없고 놀이에만 정신이 팔려있으니 혹시 떨어지기라도 하면 불에 타게 될 것이다. 내가 마땅히 두렵고 무서운 일을 말하여 이 집이 이미 불타고 있음을 알려주어서 지금 빨리 나와 불에 타는 화를 입지 않도록 해야 겠다.' 이렇게 생각하고는 아이들에게 '얘들아, 빨리 나오너라.'라고 하였느니라.

아버지는 불쌍히 여겨 좋은 말로 타이르고 달랬으나, 아이들은 장난치고 놀기만을 좋아하고 바르게 믿거나 받아들이지 않고 놀라거나 겁내지도 않았으며, 끝내 나오려는 마음이 전혀 없었느니라. 더구나 불이 무엇인지, 집이 무엇인지, 무엇을 잃게 되는지도 모르고 동으로 서로 뛰어다니며 아버지를 쳐다볼 뿐이었느니라.

그때에 장자는 이런 생각을 하였느니라.

'이 집은 벌써 큰불에 타고 있으니 나와 아이들이 만약 지금 나가지 못하면 반드시 불에 타버릴 것이다. 내가 이제 마땅히 방편을 써서라도 아이들이 피해를 면하게 하리라.' 아버지는 아이들이 예전부터 각자 좋아했던 갖가지 진귀한 장난감과 기이한 물건이라면 반드시 좋아할 것이라 여기고 아이들에게 이렇게 말하였느니라. '너희들이 좋아하고 가지고 싶어 하던 희유한 장난감을 어렵게 구했으니, 만약 가지지 않는다면 나중에 반드시 후회할 것이니라. 이와 같은 여러 가지 양이 끄는 수레, 사슴이 끄는 수레, 소가 끄는 수레들이 지금 문밖에 있으니 즐겁게 놀 수가 있느니라. 그러니 너희들은 이 불타는 집에서 빨리 나오너라. 너희들이 가지고 싶은 대로 모두 줄 것이니라.'

그때에 아이들은 아버지의 말씀을 듣고, 마침 진귀한 장난감을 원하던 터라 마음이 각각 급해져

서 서로 밀치고 앞다투어 불타는 집에서 뛰쳐나왔
느니라. 이때 장자는 자식들이 무사히 빠져나와 모
두 사거리 한가운데의 맨바닥에 앉아있어 다시는
장애가 없는 것을 보고는 마음이 태연해지고 기쁨
이 넘쳤느니라.

이때에, 아이들이 아버지에게 말하였느니라.
'아버지께서 아까 주신다고 하신 양이 끄는 수레, 사
슴이 끄는 수레, 소가 끄는 수레를 지금 주십시오.'
사리불이여, 그때에 장자는 아이들에게 똑같이
큰 수레를 하나씩 주었으니, 그 수레는 높고 넓으
며 여러 가지 보배들로 잘 꾸며졌으며 주위에는
난간을 두르고 사면에는 풍경을 달았고, 그 위에는
휘장과 일산을 폈으며 또한 진귀한 여러 보배로
장엄하였느니라. 보배로 줄을 엮어서 늘어뜨리고
꽃과 영락을 드리웠으며, 고운 대자리를 겹겹으로

깔고 붉은 베개를 잘 놓았느니라. 흰 소를 맸는데 피부색이 깨끗하고 몸체가 좋고 힘이 세며, 걸음은 평탄하고 바람같이 빠르며, 또 많은 시종들이 모시고 호위하였느니라.

이때 장자는 재물이 한량없어서 갖가지 창고마다 모두 가득 차 넘쳐났으므로 이렇게 생각하였느니라.

'나의 재물은 끝이 없으니 변변치 못한 작은 수레를 자식들에게 주는 것은 마땅하지 않느니라. 지금 이 어린아이들이 모두 내 자식이므로 치우치거나 편듦 없이 사랑할 것이니라. 나에게는 이러한 칠보로 만든 큰 수레가 헤아릴 수 없이 많으니, 마땅히 평등한 마음으로 각자에게 주어 차별하지 않으리라. 왜냐하면, 내가 가지고 있는 이 물건들은 온 나라에 두루 나누어 주어도 오히려 모자라지 않을진대, 하물며 자식들에게 아낄 필요가 있겠는가.'

이때 자식들은 각각 큰 수레를 타고 일찍이 없던 좋은 것을 얻었으니 본래 바라던 것만이 아니었느니라.

사리불이여, 그대는 어떻게 생각하느냐? 이 장자가 여러 아이들에게 진귀하고 큰 보물 수레를 똑같이 준 것을 허망하다고 할 수 있겠느냐?"

사리불이 말씀드렸습니다.

"아닙니다. 세존이시여, 이 장자가 단지 자식들에게 화재를 면하게 하여 목숨을 보전하게 한 것만으로도 허망하지 않습니다. 왜냐하면, 목숨만 보전하여도 곧 이미 훌륭한 장난감을 얻은 것과 같은데, 하물며 방편으로 저 불타는 집에서 구제한 것은 말할 것이 있겠습니까? 세존이시여, 만약 이 장자가 작은 수레조차 주지 않았다 할지라도 허망하지 않습니다. 왜냐하면, 이 장자가 처음에 생각한 것은 '내가 방편으로 아이들을 나오게 하리라.' 는 것이었습니다. 이런 인연으로도 허망하다 할 수 없는데, 하물며 장자가 자신의 재물이 한량없음을 알고 자식들을 이롭게 하려고 큰 수레를 평등하게 준 것이야 말할 것이 있겠습니까."

부처님께서 사리불에게 말씀하셨습니다.
"훌륭하고 훌륭하다. 그대의 말과 같느니라. 사리불이여, 여래도 또한 그와 같아서 일체 세간의 아버지로서 모든 공포와 두려움과 쇠약함과 번뇌와 우환과 무명과 어두움이 영원히 다하여 남음이 없게 하느니라. 한량없는 지혜와 힘과 두려움 없음을 모두 성취하였으며, 큰 신통력과 지혜의 힘이 있으며, 방편과 지혜바라밀을 구족하여 대자대비로 언제나 게으르지 않고 항상 좋은 일을 구하여 일체를 이익되게 하느니라. 그리하여 삼계의 썩고

낡은 불타는 집에 태어난 중생을 생로병사와 근심, 슬픔, 괴로움, 번뇌, 그리고 어리석고 어둠에 가린 삼독의 불길에서 제도하고 교화하여 아뇩다라삼 먁삼보리를 얻게 하느니라.

모든 중생을 보니, 생로병사와 근심, 슬픔, 괴로움, 번뇌로 불타고 있으며, 또한 다섯 가지 욕망과 재물의 이익 때문에 갖가지 고통을 받으며, 또 탐욕과 집착을 좇아 구하므로 현세에서 많은 고통을 받다가 후세에는 지옥, 아귀, 축생의 괴로움을 받기도 하느니라. 만약 천상에 나거나 인간 세상에 있더라도 빈궁하고 괴로우며, 사랑하는 이와 이별하는 고통과 원수와 미운 이를 만나는 고통 등 이와 같은 갖가지 고통 속에 빠져 있으면서도 즐겁게 놀면서 깨닫지도 못하고 알지도 못하며 놀라거나 두려워하지도 않느니라. 또한 싫어하지도 않고 해탈을 구하지도 않으며 삼계의 불타는 집에서 동서로 뛰어다니며 큰 고통을 만나더라도 근심하지 않느니라.

　사리불이여, 부처님께서는 이러한 것을 보시고 이렇게 생각하셨느니라. '나는 중생의 아버지가 되었으니 마땅히 그들을 고통에서 건져주고, 한량없고 가이없는 부처님 지혜의 즐거움을 주어 그들로 하여금 즐겁게 놀게 하리라.'

　사리불이여, 여래는 또 이런 생각을 하셨느니라. '만약 내가 단지 신통의 힘과 지혜의 힘만 쓰고 방편을 버려 중생에게 여래의 지혜와 힘과 두려움 없음만을 찬탄한다면 중생은 능히 이것만으로는 제도할 수 없을 것이니라. 왜냐하면 이 모든 중생은 생로병사와 근심, 슬픔, 괴로움, 번뇌에서 벗어나지 못하고, 삼계의 불타는 집에서 타고 있으니 어떻게 부처님의 지혜를 이해할 수 있겠는가.'

사리불이여, 마치 저 장자가 비록 몸과 손에 큰 힘이 있지만, 그것을 쓰지 않고 은근하게 방편을 써서 아이들을 불타는 집에서 건져낸 뒤에 각자에게 진귀한 큰 보배수레를 주는 것과 같이 여래도 또한 이와 같아서 비록 힘과 두려움 없음이 있지만 쓰지 않느니라. 다만 지혜와 방편으로 삼계의 불타는 집에서 중생을 건져내기 위해 삼승인 성문과 벽지불과 불승을 설하며 이렇게 말씀하셨느니라.

'그대들은 삼계의 불타는 집에서 머무르기를 좋아하지 말고, 추하고 변변치 않은 색, 성, 향, 미, 촉을 탐내지 말아라. 만약 탐내고 애착하면 곧 불에 타게 되느니라. 그대들이 삼계에서 속히 벗어나면 마땅히 삼승인 성문, 벽지불, 불승을 얻을 것이니라. 내가 그대들을 위하여 이 일을 책임지고 보증하나니 끝내 헛되지 아니하리라. 그대들은 마땅히 부지런히 수행하고 정진하라.'

여래께서는 이러한 방편으로 중생을 권유하여 나아가게 하고는 다시 이렇게 말씀하셨느니라.

'그대들은 마땅히 알라. 이 삼승법은 모든 성인들이 칭찬하시는 바이며, 자재하여 속박이 없으며 의지하여 구할 것이 없느니라. 이 삼승에 오르면 번뇌가 없는 오근과 오력과 칠각지와 팔정도와 선정과 해탈과 삼매 등을 스스로 즐길 것이며 한량없는 편안함과 즐거움을 얻을 것이니라.'

사리불이여, 만약 중생이 안으로 지혜의 성품이 있어 불세존으로부터 법을 듣고 받아 믿으며, 은근히 정진하여 삼계에서 속히 벗어나려고 스스로 열반을 구하면 이를 일러 성문승이라 하느니라. 마치 저 자식들이 양이 끄는 수레를 가지려고 불타는 집에서 뛰쳐나오는 것과 같느니라.

만약 중생이 불세존으로부터 법을 듣고 받아 믿으며, 은근히 정진하여 자연의 지혜를 구하며, 혼자 있기를 좋아하고 고요한 곳을 즐기며, 모든 법의 인연을 깊이 알면 이를 일러 벽지불승이라 하느니라. 마치 저 자식들이 사슴이 끄는 수레를 가지려고 불타는 집에서 뛰쳐나오는 것과 같느니라.

만약 중생이 불세존으로부터 법을 듣고 받아 믿으며, 은근히 정진하여 일체지와 불지와 자연지와 무사지와 여래의 지혜와 힘과 두려움 없음을 구하며, 한량없는 중생을 가엾게 여겨 안락하게 하며, 천신과 인간을 이롭게 하며, 일체를 제도하여 해탈시키려고 한다면 이를 일러 대승보살이라 하고 이런 수레를 구하므로 마하살이라 하느니라. 마치 저 자식들이 소가 끄는 수레를 가지려고 불타는 집에서 뛰쳐나오는 것과 같느니라.

사리불이여, 저 장자가 모든 자식들이 불타는 집에서 무사히 나와 두려움이 없는 곳에 이르렀음을 보고, 자기의 재물이 한량없는 것을 생각하여 큰 수레를 자식들에게 평등하게 나누어 준 것과 같이 여래도 역시 이와 같느니라.

일체 중생의 아버지로서 한량없는 억 천의 중생이 부처님 가르침의 문을 통해 삼계의 괴로움과 두렵고 험악한 길에서 벗어나 열반의 즐거움을 얻는 것을 보시고는 여래는 그때 문득 이런 생각을 하시기를 '나에게는 한량없고 가이없는 지혜와 힘과 두려움 없음 등의 모든 부처님 법의 창고가 있고, 이 중생은 모두 나의 자식이므로 평등하게 대승을 줄 것이요, 어떤 사람이라도 홀로 열반을 얻게 하지는 않을 것이니, 모두가 여래의 열반으로써 열반에 이르게 하리라.' 하고 이 삼계를 벗어난 중생에게 부처님의 선정과 해탈 등의 장난감을 주시니, 이것은 모두 한 모양 한 종류로서 성인들이 칭찬하는 바이며, 능히 청정하고 미묘하며 제일가는 즐거움이 생기느니라.

　사리불이여, 마치 저 장자가 처음에는 세 가지 수레로 자식들을 유인하여 나오게 한 뒤에, 보물로 장엄하고 편안하기가 제일가는 큰 수레만을 주는 것과 같느니라. 그러나 저 장자에게는 거짓말을 한 허물이 없듯이 여래도 그와 같이 허물이 없느니라. 처음에는 삼승을 설하여 중생을 인도한 뒤에 오로지 대승으로 제도하여 해탈하게 하였느니라. 왜냐하면, 여래는 한량없는 지혜와 힘과 두려움 없는 모든 법의 창고가 있어서 능히 일체 중생에게 대승의 법을 줄 수 있지만, 다만 그들이 모두 받아들이지 못하기 때문이니라. 사리불이여, 이러한 인연으로 마땅히 모든 부처님께서는 방편의 힘으로 일불승에서 분별하여 삼승을 설하시는 것이니라.”

제4 신해품

　그때에 혜명수보리와 마하가전연과 마하가섭과 마하목건련이 부처님으로부터 미증유한 법문을 듣고 또 세존께서 사리불에게 아뇩다라삼먁삼보리의 수기를 주시는 것을 듣고 희유한 마음으로 뛸 듯이 기뻐하여, 곧 자리에서 일어나 의복을 단정히 하고 오른쪽 어깨를 드러내고 오른쪽 무릎을 땅에 대고 일심으로 합장하고 허리를 굽혀 공경하며 존안을 우러러보며 여쭈었습니다.

　"저희들은 대중 가운데 상수로서 나이가 들어

스스로 '이미 열반을 얻었으니 더 할 일이 없다.' 하며 다시 정진하여 아뇩다라삼먁삼보리를 구하려 하지 않았습니다.

세존께서 오래전에 이미 법을 설하실 때 저희도 그 자리에 있었으나 몸이 피곤하고 게을러서 단지 공하고 모양이 없음과 지을 것이 없음만을 생각하였습니다. 그리하여 보살이 닦아야 할 법과 신통에 즐거워하는 것과 불국토를 청정히 하는 것과 중생을 성취시키는 일은 마음으로 즐거워하지 않았습니다.

왜냐하면 세존께서 저희들로 하여금 삼계에서 벗어나 열반을 증득하게 하셨고 또 지금 저희들은 이미 늙어서 부처님께서 보살을 교화하신 아뇩다라삼먁삼보리에 대해서는 한 생각도 좋아하는 마음을 내지 않았기 때문입니다.

저희들은 오늘 부처님 앞에서 성문들에게 아뇩

다라삼먁삼보리의 수기를 주시는 것을 듣고는 마음이 매우 환희하여 일찍이 없었던 즐거움을 얻었습니다. 지금 홀연히 희유한 법을 들으니 매우 기쁘고 다행스럽고 크고 좋은 이익을 얻었으며 한량없는 진귀한 보물을 구하지 않았는데도 저절로 얻은 것과 같습니다.

세존이시여, 저희들이 이제 즐거이 비유를 들어 이 뜻을 밝히겠습니다.

어떤 사람이 나이가 어릴 때 아버지를 두고 도망쳐 다른 나라에 가서 오래 살다 보니 십 년, 이십 년, 오십 년이 지났습니다. 나이가 들어서는 더욱 가난하여 사방으로 헤매면서 옷과 음식을 구하며 떠돌다가 우연히 본국으로 차츰 향하게 되었습니다. 그의 아버지는 일찍이 아들을 찾아다니다가 찾지 못하고, 중도에 어느 성에 머물러 살았습니다.

그의 집은 큰 부자라 재물과 보물이 한량없고, 금, 은, 유리, 산호, 호박, 파려, 진주 등이 창고마다 가득 차서 넘쳐났으며, 노비와 신하, 하인과 관리인들이 많이 있었습니다. 코끼리, 말, 수레, 소, 양들이 무수히 많았으며 드나들며 생기는 이익이 다른 나라에까지 미치어서 상인과 손님들 또한 매우 많았습니다.

　그때에 빈궁한 아들은 여러 마을과 나라를 지나다가 마침내 아버지가 살고 있는 성에 이르게 되었습니다. 아버지는 언제나 아들을 생각하였습니다. 아들과 이별한 지 오십여 년이 되었으나 아직 다른 사람에게는 이러한 사실을 말하지 않고 단지 혼자 생각하고 마음으로 한탄하길 '나이는 들고 재물은 많아 금과 은과 진귀한 보배가 창고에 가득하나 자식이 없으니 어느 날 죽게 되면 재물이 흩어져 맡길 곳이 없겠구나.' 하고 은근히 한결같이 아들을 기다리며 다시 생각하였습니다. '내가 만일 아들을 만나서 재산을 물려줄 수만 있다면 마음이 편안해지고 즐거워서 다시는 근심과 걱정이 없으리라.' 하였습니다.

세존이시여, 그때에 빈궁한 아들은 품팔이를 하며 이리저리 다니다가 우연히 아버지의 집에 이르렀습니다. 대문 옆에 서서 멀리 그 아버지를 보니 사자좌에 걸터앉아 보배로 된 궤로 발을 받들었고, 바라문과 왕족과 거사들이 공경히 둘러서서 모셨으며, 값이 천만 냥이나 되는 진주 영락으로 몸을 장엄하였고, 시종과 하인들이 손에 흰 불자를 들고 좌우에 서서 시중들고 있었습니다. 보배휘장으로 덮고 여러 가지 꽃으로 된 깃발을 드리웠으며, 향수를 땅에 뿌리고 이름난 꽃을 흩뿌렸으며, 보물들을 늘어놓고 내어주고 받아들이며 이와 같이 갖가지로 장엄하여 위엄과 덕이 특별히 높아 보였습니다.

빈궁한 아들은 아버지가 큰 세력이 있는 것을 보고 곧 두려운 생각을 품고 이곳에 온 것을 후회하며 가만히 이렇게 생각을 하였습니다. '저분은 왕이거나 왕과 같은 사람일 것이니 내가 품을 팔아 물건을 얻을 곳이 아니다. 가난한 마을에 가서 땅이 있으면 힘닿는 대로 일하고 옷과 밥을 쉽게 얻는 것이 낫겠다. 만일 여기서 오래 있다가 혹시 절박함을 보고 나에게 강제로 일을 시킬지도 모르겠구나.' 하고는 빨리 그곳을 떠났습니다.

그때에 부유한 장자는 사자좌에서 아들을 즉시 알아보고 매우 기뻐하며 이렇게 생각하였습니다. '이제는 내 재물 창고를 맡길 곳이 있구나. 내가 항상 이 아들을 생각하였으나 만나볼 길이 없었는데, 홀연히 스스로 찾아왔으니 내가 바라던 바가 되었구나. 내가 비록 늙었으나 이런 까닭에 욕심내어 아꼈던 것이니라.' 하고 곧 곁에 있던 사람을 보내어 급히 쫓아가 데려오게 하였습니다.

이때 심부름꾼이 빨리 쫓아가서 잡으니, 빈궁한 아들은 깜짝 놀라서 원통하다고 큰 소리로 부르짖었습니다. '나는 아무 잘못이 없는데 어찌하여 붙잡아 갑니까?' 심부름꾼은 더욱 단단히 붙들고 강제로 데려가려 하거늘 그때에 빈궁한 아들은 스스로 생각하기를 '죄도 없이 붙잡혔으니 반드시 죽게 되겠구나.' 하고 더욱 놀라고 무서워서 정신을 잃고 땅에 쓰러졌습니다. 아버지는 멀리서 이것을 보고 심부름꾼에게 말하였습니다. '그 사람은 필요 없으니 억지로 데려오지 마라. 얼굴에 찬물을 뿌려서 깨어나게 하고 다시는 말하지 말아라.'

왜냐하면, 아버지는 그 아들의 의지가 하열한

줄을 알았으며, 자신은 호화롭고 고귀하여 아들이 어려워할 줄 알았기 때문입니다. 분명히 자기 아들인 줄 알면서도 방편으로 다른 사람에게는 자기 아들이란 말을 하지 않고 심부름꾼을 시켜 말하길 '내가 이제 놓아 줄 터이니 마음대로 가거라.' 하였습니다. 빈궁한 아들은 기뻐하며 일찍이 없던 희유함을 느끼고 땅에서 일어나 가난한 마을로 가서 옷과 음식을 구하였습니다.

그때에 장자는 장차 그 아들을 유인하여 데려오게 하려고 방편을 써서, 비밀리에 행색이 초라하고 위엄과 덕망이 없는 두 사람을 보내며 '너희들은 거기 가서 빈궁한 사람에게 넌지시 말하기를, 여기에 일할 곳이 있으니 품삯을 두 배로 준다고 말하라. 만일 빈궁한 자가 허락하면 데리고 와서 일을 시키되, 어떤 일을 하느냐고 물으면 똥거름을 치우는 일인데 우리 두 사람도 같이 일한다고 하여라.'

그때에 두 사람은 즉시 빈궁한 아들을 찾아가서 시킨 대로 앞의 일들을 자세히 말하였습니다. 그 후부터 빈궁한 아들은 먼저 품삯을 받고 똥거름을 치우게 되었습니다. 그 아버지가 아들을 보니 가엾기도 하고 어이가 없었습니다.

또 어느 날 창문으로 멀리 아들을 바라보니 몸은 야위고 초췌하며 똥과 흙먼지로 더럽고 불결하였습니다. 즉시 영락과 얇고 부드러운 옷과 장신구를 벗어던지고, 허름하고 때가 묻은 옷으로 갈아입고, 흙과 먼지를 몸에 묻히고 오른손에 똥거름 치우는 그릇을 잡고 조심스럽게 일꾼들이 있는 곳으로 가서 여러 사람에게 말하였습니다.

'너희들은 부지런히 일하고 게으름을 피우지 마라.' 하고는 방편으로 아들에게 가까이 가서 또 말하기를 '가엾다, 이 사람아. 너는 항상 여기서만 일하고 다른 곳으로는 가지 마라. 그러면 품삯도 올려줄 것이고, 모든 필요한 그릇, 쌀, 밀가루, 소금, 식초 따위도 걱정하지 마라. 또한 늙은 일꾼도 있어서 필요하면 붙여줄 것이니 편안히 안심하고 있어라. 나는 너의 아버지와 같으니 다시는 근심이나 걱정하지 말아라. 왜냐하면 나는 나이가 많고 늙었으나 너는 젊고 굳세며, 너는 언제나 일을 할 때 속이거나 게으르거나 성내거나 원망하는 말이 없었으니, 도무지 네게서는 다른 일꾼들처럼 나쁜 것들을 보지 못했다. 이제부터는 내가 낳은 자식같이 생각하리라.' 하고 곧 장자는 이름을 다시 지어주며 아들이라고 불렀습니다.

그때에 빈궁한 아들은 비록 이러한 대우를 받는 것이 기쁘기는 하였으나, 여전히 객지에서 온 천한 사람이라 여기며 이십년 동안 항상 똥거름만 치우고 있었습니다. 이렇게 지낸 이후로는 마음이 서로

통하고 믿게 되어 어려움 없이 출입하였으나 머무
는 곳은 여전히 본래 있던 곳이었습니다.

세존이시여, 그때에 장자가 병이 들어 스스로
죽을 날이 멀지 않았음을 알고 빈궁한 아들에게
말하였습니다.
'나에게 지금 많은 금과 은과 진귀한 보배가 창
고마다 넘쳐나고 있으니, 그 가운데 있는 많고 적
음과 응당 주고받아야 할 것을 네가 모두 알아두
어라. 나의 마음이 이러하니 마땅히 이 뜻을 받들
어라. 왜냐하면 이제는 너와 내가 다를 바가 없으
니, 마땅히 마음을 잘 써서 소홀하거나 실수하지
말아야 하느니라.' 하였습니다.
그때에 빈궁한 아들은 분부를 받들어 여러 가지
금, 은, 진귀한 보배와 모든 창고를 맡았으나 밥 한
끼도 취하려는 마음이 없었고, 머무는 곳도 여전히

본래 있던 곳이었으며 하열한 마음도 또한 아직 버리지 못하였습니다. 다시 얼마가 지난 후에 아버지는 아들의 마음이 점점 열리고 커져서 큰 뜻을 이루고, 스스로 예전의 천하게 여겼던 마음을 뉘우치고 있음을 알게 되었습니다.

목숨을 마칠 때가 되자 아들을 시켜 친족과 국왕과 대신과 왕족과 거사들을 모이게 하고 이렇게 선언하였습니다.

'여러분은 마땅히 아십시오. 이 사람은 나의 아들이요, 내가 낳은 자식이나, 어떤 성에서 나를 두고 도망하여 오십여 년 동안 외롭게 떠돌아다니며 온갖 고생을 하였습니다. 그의 본래 이름은 아무개이고 나의 이름은 아무개입니다. 옛날 본래 살던 성에 있을 적에 무척 걱정하며 찾으려고 애를 썼는데 뜻밖에 이곳에서 만나게 되었습니다. 이 사람은 참으로 나의 아들이요, 나는 그의 진짜 아버지입니다. 내가 소유한 모든 재산은 전부 이 아들의 것이며, 예전부터 출납하던 일도 이 아들이 알아서 할 것입니다.'라고 하였습니다.

세존이시여, 이때 빈궁한 아들은 아버지의 이 말씀을 듣고 크게 기뻐하여 일찍이 없던 일이라 하며 이렇게 생각하였습니다. '나는 본래 조금도 바라는 마음이 없었는데, 지금 이렇게 보배창고가 나에게 저절로 이르렀구나.' 하였습니다.

세존이시여, 큰 부자인 장자는 바로 여래이시고, 저희들은 모두 부처님의 아들과 같습니다. 여래께서 항상 저희들을 아들이라 말씀하셨습니다.

세존이시여, 저희들은 세 가지의 괴로움 때문에 나고 죽는 가운데 모든 괴로운 번뇌를 받으면서도 미혹하고 무지하여 소승법만을 좋아하였습니다. 오늘 세존께서 저희로 하여금 모든 법의 희롱거리인 똥거름으로 생각하여 치워버리도록 하시었으며, 저희들은 그 속에서 더욱 부지런히 정진하여 열반에 이르는 하루 품삯을 얻었으며, 겨우 이것을 얻고서야 마음이 크게 기뻐서 스스로 만족해하고 말하기를 '불법 가운데에서 부지런히 정진한 까닭으로 얻은 것이 매우 많다.'고 하였습니다.

그러나 세존께서는 저희들의 마음이 부질없는 욕망에 집착하여 소승법을 좋아하는 것을 미리 아시면서도 내버려 두시고 '그대들도 마땅히 여래의 지견인 보배창고의 몫이 있느니라.' 하고 분별하여 주시지 않으셨습니다.

세존께서는 방편의 힘으로 여래의 지혜를 말씀하셨으나, 저희들은 열반의 하루 품삯을 받고 크게 얻었다고 생각하여 대승을 구하려는 뜻이 없었습니다. 저희들은 또 여래의 지혜로 모든 보살들을 위하여 열어 보여서 연설하면서도 스스로는 이것에 대하여 서원이 없었습니다.

왜냐하면 부처님께서 저희들이 소승법을 좋아하는 것을 아시고 방편의 힘으로 저희에게 알맞게 말씀하셨지만, 저희들은 부처님의 진정한 아들인줄을 알지 못하였기 때문입니다. 이제서야 세존께서 부처님의 지혜에 대하여 인색하지 않음을 알게 되었습니다. 왜냐하면 저희들이 예전부터 진정한 부처님의 아들이었지만 소승법만을 좋아하였기 때문이니, 만일 저희들이 대승을 좋아하는 마음이 있었다면 부처님께서 바로 저희들을 위해서 대승법을 설하여 주셨을 것입니다.

이 경전 가운데서 오직 일승만을 설하셨고 옛적 보살들 앞에서는 성문들이 소승법을 좋아한다고 나무라셨습니다. 그러나 부처님께서는 진실로 대승으로써 교화하셨습니다. 그러므로 저희들이 본래에는 바라는 마음이 없었는데 지금 법왕의 큰 보배가 저절로 이르렀으니, 부처님의 아들로서 당연히 얻어야 할 것을 모두 얻은 것과 같습니다."

제5 약초유품

그때에 세존께서 마하가섭과 여러 큰 제자들에게 말씀하셨습니다.

"훌륭하고 훌륭하다, 가섭이여. 여래의 진실한 공덕을 잘 말하였으니, 진실로 말한 바와 같느니라. 여래는 또 한량없고 가이없는 아승지 공덕이 있나니 그대들이 만일 한량없는 억겁 동안에 말한다 할지라도 다할 수 없느니라.

가섭이여, 마땅히 알라. 여래는 모든 법의 왕이니, 설하는 것이 모두 허망하지 아니하니라. 모든 법에 대하여 지혜와 방편으로 말씀하시나니 그 설하는 법은 온갖 지혜의 경지에 이르느니라. 여래는 모든 법이 돌아갈 바를 관찰하여 알며, 또한 모든 중생이 깊은 마음으로 행하는 바를 알아서 통달하여 걸림이 없으며, 또 모든 법에 대하여 궁극까지 밝게 알아서 모든 중생에게 온갖 지혜를 보여주느니라.

가섭이여, 비유하면 삼천대천세계의 산과 내와 골짜기와 땅에서 자라는 풀과 나무와 숲과 약초들의 종류가 여러 가지이며 이름과 모양도 각각 다르니라. 짙은 구름이 가득히 펴져 삼천대천세계를 두루 덮고 일시에 골고루 큰 비를 내려 그 비로 두루 적시면, 풀과 나무와 숲과 약초들의 작은 뿌리와 작은 줄기, 작은 가지와 작은 잎, 중간 뿌리와 중간 줄기, 중간 가지와 중간 잎, 큰 뿌리와 큰 줄기, 큰 가지와 큰 잎과 나무들이 크고 작음과 상,

중, 하를 따라서 제각기 비를 받느니라. 한 구름에서 내리는 비의 종류와 성질에 맞추어서 나고 자라며 꽃이 피고 열매를 맺는데, 비록 한 땅에서 생겨나고 한 비로 젖지만 모든 초목은 각각 차별이 있느니라.

가섭이여, 마땅히 알라. 여래도 또한 이와 같아서 세상에 출현하시는 것은 마치 큰 구름이 일어나는 것과 같고, 큰 음성으로 온 세계의 천신과 인간과 아수라들에게 두루 들리게 하는 것은 마치 저 큰 구름이 삼천대천국토를 두루 덮는 것과 같느니라.

그리고 대중 가운데서 이렇게 말씀하셨습니다.

'나는 여래, 응공, 정변지, 명행족, 선서, 세간해, 무상사, 조어장부, 천인사, 불세존이니라. 아직 제도 받지 못한 자를 제도 받게 하고, 이해하지 못한 자를 이해하게 하며, 편안하지 못한 자를 편안하게 하고, 열반하지 못한 자를 열반하게 하며, 지금 세상과 오는 세상을 여실히 아느니라. 나는 모든 것을 아는 이며, 모든 것을 보는 이며, 진리를 아는 이며, 진리를 여는 이며, 진리를 설하는 이니라. 그대들 천신과 사람과 아수라들도 모두 응당 여기에 와서 법을 들을지니라.'

그때에 무수한 천만 억 종류의 중생이 부처님 계신 곳으로 와서 법을 들으니, 여래께서 이때 이 중생의 근기가 영리하고 둔한지, 부지런하고 게으른지를 살펴보시고 그들이 감당할 수 있는 능력에 맞게 갖가지 한량없는 법을 설하여 모두 기쁘게 하며 좋은 이익을 얻게 하였느니라. 이 모든 중생이 법을 듣고 현세에는 편안하고 후세에는 좋은 곳에 태어나며 진리로써 즐거움을 받고 또한 법을 들으며, 법을 듣고는 모든 장애를 여의고, 모든 법 가운데서 그 능력에 따라 점점 깨달음에 들어가게 되니, 마치 큰 구름이 모든 풀과 나무와 숲과 모든 약초에 비를 내릴 때 그 종류와 성질에 따라 흡족하게 머금고, 제각기 나고 자라는 것과 같느니라.

여래의 설법은 한 모양이며 한 맛이니, 이른바 해탈의 모양, 여의는 모양, 소멸하는 모양으로써 구경에는 일체종지에 이르느니라. 어떤 중생이 만일 여래의 법을 듣고 지니고 읽고 외우며 설한 대로 수행한다면 그가 얻는 공덕은 스스로는 깨닫지 못하느니라. 왜냐하면 오직 여래만이 이 중생의 종류와 형상과 자체의 성품을 아시되, 무슨 일을 기억하고 무슨 일을 생각하고 무슨 일을 닦으며, 어떻게 기억하고 어떻게 생각하며 어떻게 닦으며, 무슨 법으로 기억하고 무슨 법으로 생각하고 무슨 법으로 닦으며 무슨 법으로 어떤 법을 얻는지를 알고 있기 때문이니라.

중생이 갖가지 경지에 머물러 있는 것을 오직 여래만이 여실히 보시고 분명히 알아 걸림이 없나니, 마치 저 풀과 나무와 숲과 모든 약초들이 스스로는 상, 중, 하의 성품을 알지 못하는 것과 같느니라. 여래는 이 한 모양, 한 맛의 법을 아나니, 이른바 해탈의 모양, 여의는 모양, 소멸하는 모양으로 구경열반하는 항상 적멸한 모양이니, 마침내 공으로 돌아가는 것이니라. 부처님께서 이러한 것을 아시고 중생이 하고자 하는 마음을 보시고 보호해 주려 하셨느니라. 그러므로 일체종지를 바로 설하지 않으신 것이니라.

가섭이여, 그대들은 매우 희유하여 여래께서 근기에 맞게 법을 설하는 것을 알고 능히 믿고 능히 받을지니라. 왜냐하면 모든 부처님께서 근기에 맞게 설하신 법은 이해하기도 어렵고 알기도 어렵기 때문이니라."

제6 수기품

그때에 세존께서 여러 대중에게 이렇게 말씀하셨습니다.

"나의 제자 마하가섭은 오는 세상에 마땅히 삼백만억 부처님을 받들어 뵈옵고 공양하고 공경하며 존중하고 찬탄하며 모든 부처님의 한량없는 큰법을 널리 펴다가 최후의 몸으로 성불하리라. 이름은 광명여래, 응공, 정변지, 명행족, 선서, 세간해, 무상사, 조어장부, 천인사, 불세존이니라. 나라의 이름은 광덕이요, 겁의 이름은 대장엄이며, 부처님

수명은 십이 소겁이요, 정법이 세상에 머물기는 이십 소겁이며, 상법 또한 이십 소겁을 머무느니라.

그 세계는 장엄하게 꾸며져 온갖 더러운 것과 기와조각, 자갈, 가시덤불, 똥오줌 등 깨끗하지 못한 것들이 없으며, 그 국토는 평평하고 반듯하여 높고 낮은 구렁이나 언덕이 없으며, 유리로 땅이 되고 보배나무가 줄지어 있으며, 황금으로 줄을 만들어 길가의 경계를 삼고, 보배꽃들이 뿌려져서 주변이 두루 청정하며, 그 나라의 보살들은 한량없는 천억이고, 성문 대중 또한 헤아릴 수 없으며, 마구니의 장난이 없으며, 설사 마왕과 마구니의 백성이 있더라도 모두 불법을 보호할 것이니라."

그때에 대목건련과 수보리와 마하가전연 등이 모두 송구스러워하며 일심으로 합장하고 부처님의 존안을 우러러보며 눈을 잠시도 떼지 않고 같은 소리로 함께 게송으로 말하였습니다.

용맹하신 대웅세존 석가족의 법왕이라
불쌍하게 여기시어 가르침을 주옵소서
저희마음 다아시고 성불수기 주신다면
감로수로 열을식혀 청량함을 느끼나니
주린배로 헤매다가 대왕성찬 받았어도
의아하고 두려워서 감히먹지 못하다가
왕의권유 받은다음 그때서야 먹게되듯
우리들도 이와같아 소승법에 매어있어
부처님의 높은지혜 헤아릴줄 모르기에
그대들도 성불한다 가르침을 받더라도
근심되고 두려워서 선뜻받지 못하오니
만일수기 주신다면 이제편안 하오리다
거룩하신 세존께서 온세상을 편케하니
저희에게 수기하면 가르침을 받으리다

그때에 세존께서 여러 큰 제자들이 마음속으로 생각하는 바를 아시고 비구들에게 말씀하셨습니다.

"이 수보리는 오는 세상에서 삼백만 억 나유타 부처님을 받들어 뵈옵고 공양하고 공경하며 존중하고 찬탄하리라. 항상 범행을 닦아 보살도를 갖추고 최후의 몸으로 성불하리라. 이름은 명상여래, 응공, 정변지, 명행족, 선서, 세간해, 무상사, 조어장부, 천인사, 불세존이며, 겁의 이름은 유보요, 나라의 이름은 보생이니라. 그 국토는 평평하고 반듯하여 파려로 땅이 되고 보배나무로 장엄하였으며, 언덕과 구렁과 모래와 자갈과 가시덤불과 똥오줌 등 더러운 것이 없으며, 보배꽃이 땅을 덮으며 주변이 두루 청정하니라.

그 나라 백성들은 모두 보배로 된 집과 진귀하고 미묘한 누각에 살며, 성문 제자는 한량없고 가이없어서 숫자로나 비유로도 능히 알 수 없고, 보살 대중도 무수한 천만 억 나유타이니라. 부처님의 수명은 십이 소겁이요, 정법이 세상에 머물기는 이십 소겁이며, 상법도 역시 이십 소겁을 머무느니라. 그 부처님께서 항상 허공에 계시면서 중생을 위하여 법을 설하시어 한량없는 보살과 성문들을 제도하여 해탈케 하시느니라."

그때에 세존께서 다시 여러 비구들에게 말씀하셨습니다.

"내가 지금 그대들에게 말하노니, 이 가전연은 오는 세상에서 여러 가지 공양물로 팔천억 부처님께 공양하여 받들어 섬기고 공경하고 존중하며, 모든 부처님께서 열반하신 뒤에 각각 탑을 세우니, 높이가 일천 유순이요, 가로와 세로는 똑같이 오백 유순이니라. 금, 은, 유리, 자거, 마노, 진주, 매괴의 칠보로 합하여 이루어졌고, 여러 가지 꽃과 영락과 바르는 향과 가루 향과 사르는 향과 비단으로 된 일산과 당기와 번기로 탑에 공양하리라. 그런 뒤에 다시 이만 억 부처님께도 역시 이와 같이 하고, 이 모든 부처님께 공양하고는 보살도를 갖추어 마땅히 성불하리니, 이름은 염부나제금광여래, 응공, 정변지, 명행족, 선서, 세간해, 무상사, 조어장부, 천인사, 불세존이니라.

그 국토는 평평하고 반듯하여 파려로 땅이 되고 보배나무로 장엄하였으며, 황금으로 줄을 만들어 길가의 경계를 삼고, 미묘한 꽃으로 땅을 덮어 주변이 두루 청정하여 보는 이가 기뻐할 것이니라. 네 가지 악도인 지옥, 아귀, 축생, 아수라가 없고 천신과 사람과 여러 성문과 한량없는 만억의 보살들이 그 나라를 장엄하리라. 부처님의 수명은 십이 소겁이요, 정법이 세상에 머물기는 이십 소겁이며, 상법도 역시 이십 소겁을 머무느니라."

그때에 세존께서 다시 대중에게 말씀하셨습니다.

"내가 이제 그대들에게 말하노니, 이 대목건련은 마땅히 갖가지 공양물로 팔천 부처님께 공경하고 존중하며, 부처님들께서 열반하신 뒤에는 각각 탑을 세우되 높이가 일천 유순이요, 가로와 세로가 똑같이 오백 유순이니라. 모두 금, 은, 유리, 자거, 마노, 진주, 매괴의 칠보로 합하여 이루어졌고, 여러 가지 꽃과 영락과 바르는 향, 가루 향, 사르는 향과 비단으로 된 일산과 당기와 번기로 공양하며, 그런 뒤에 다시 이백만억 부처님께 공양하기를 역시 이와 같이 하고 마땅히 성불하리니, 이름은 다마라발전단향여래, 응공, 정변지, 명행족, 선서, 세간해, 무상사, 조어장부, 천인사, 불세존이니라. 겁의 이름은 희만이요, 나라의 이름은 의락이며, 그 국토는 평평하고 반듯하여 파려로 땅이 되고 보배나무로 장엄하였으며, 진주 꽃을 흩어서 주변이 두루 청정하여 보는 이가 기뻐하며 천신과 사람이 많고 보살과 성문도 그 수가 한량 없느니라. 부처 님의 수명은 이십사 소겁이요, 정법이 세상에 머물 기는 사십 소겁이며, 상법도 역시 사십 소겁을 머 무느니라."

제7 화성유품

부처님께서 여러 비구들에게 말씀하셨습니다.

"지나간 과거 한량없고 가이없는 불가사의한 아승지 겁 전 그때에 부처님이 계셨으니, 이름은 대통지승여래, 응공, 정변지, 명행족, 선서, 세간해, 무상사, 조어장부, 천인사, 불세존이셨고, 나라의 이름은 호성이요, 겁의 이름은 대상이었느니라.

비구들이여, 그 부처님께서 열반하신 지가 매우 오래 되었으니, 비유하면 삼천대천세계에 있는 땅덩어리를 가령 어떤 사람이 갈아서 먹을 만들어 동방으로 일천 국토를 지나면서 티끌만한 점을 떨어뜨리고, 또 일천 국토를 지나면서 다시 한 점을 떨어뜨리되, 이와 같이 계속하여 땅덩어리를 간 먹이 다한다면, 그대들은 생각이 어떠한가? 셈을 잘하는 사람이나 그의 제자들이라도 능히 그 국토들의 끝을 알 수 있겠느냐.”

“알지 못합니다. 세존이시여.”

“비구들이여, 이 사람이 지나간 국토에서 점을 떨어뜨렸거나 떨어뜨리지 않았거나 모두 모아 부수어 다시 티끌로 만들어 그 먼지 하나를 일 겁으로 친다고 해도 그 부처님께서 열반하신 지는 이수보다 더 오래되어 한량없고 가이없는 백 천 만억 아승지 겁이지만 나는 여래의 지혜의 힘으로 저 멀고 오래된 일을 마치 오늘의 일처럼 볼 수 있느니라.”

부처님께서 여러 비구들에게 말씀하셨습니다.

"대통지승부처님의 수명은 오백사십만억 나유타겁이었느니라. 그 부처님께서는 처음 도량에 앉으시어 마구니를 물리치고 아뇩다라삼먁삼보리를 얻게 되었으나 불법이 앞에 나타나지 않으므로 일 소겁에서 십 소겁에 이르도록 결가부좌를 하시고 몸과 마음을 움직이지 아니하였건만 모든 부처님의 법은 여전히 앞에 나타나지 않았느니라.

그때에 도리천신들이 먼저 그 부처님을 위하여 보리수 아래에서 사자좌를 펴니 높이가 일 유순이라. 부처님께서 여기에 앉으셔서 마땅히 아뇩다라삼먁삼보리를 얻으리라 하시니, 마침 이 자리에 앉으셨느니라. 이때 모든 범천왕은 온갖 하늘 꽃을 사방 일백 유순에 비 내리고 향기로운 바람이 때때로 불어와 시든 꽃을 불어 보내고, 다시 새 꽃을 내려서 십 소겁 동안을 쉬지 않고 부처님께 공양하였느니라. 사천왕들은 부처님께 공양하기 위하여 항상 하늘 북을 치고, 그 밖의 천신들은 하늘의 악기를 연주하여 십 소겁이 다하도록 하였으며 열반에 이르실 때까지 역시 이렇게 하였느니라.

　비구들이여, 대통지승부처님께서는 십 소겁이 지나서야 모든 부처님의 법이 앞에 나타나서 아뇩다라삼먁삼보리를 이루셨느니라. 그 부처님께서 출가하시기 전에 열여섯 명의 아들이 있었는데 그 첫째의 이름은 지적이었느니라. 왕자들은 각자 여러 가지 진귀하고 기이한 장난감을 가지고 있었으나, 아버지가 아뇩다라삼먁삼보리를 이루셨다는 말을 듣고 모두 진귀한 장난감을 버리고 부처님 계신 곳으로 찾아가니 어머니들이 눈물을 흘리며 전송하였느니라.
　그들의 할아버지인 전륜성왕은 백 명의 대신과

백천만 억 명의 백성에게 둘러싸여 부처님의 도량에 이르러, 다 함께 대통지승여래를 가까이서 공양하며 공경하고 존중하고 찬탄하려고 하였느니라. 도량에 다다라서는 머리를 숙여 발에 예배하고 부처님의 주위를 돌고, 일심으로 합장하고 부처님을 우러러보며 게송으로 말하였느니라.

큰위덕의 세존께서 중생제도 하시려고
무량겁을 지나서야 부처님이 되셨으니
모든소원 다갖추고 거룩하기 끝이없네
세존성불 희유하사 한자리에 십소겁을
사대육신 꼼짝않고 고요하게 앉아있네
그마음은 담담하여 어지럽지 아니하고
구경에는 편안하여 번뇌없이 머무시네
이제세존 편안하게 성불하심 뵈옵나니
저희들은 이익얻어 크게환희 하나이다

중생고뇌 항상해도 눈어둡고 스승없어
도성제길 알수없고 해탈길도 알수없네
긴세월에 악취늘고 하늘대중 적어지며
어둔곳만 파고들어 부처이름 못들었네
지금부처 가장높아 위없는도 얻으시니
저희들과 하늘인간 큰이익을 얻게되니
그러므로 머리숙여 부처님께 귀의하네

그때에 십육 왕자는 부처님을 찬탄하는 게송이
끝나자, 세존께 법륜 굴려주시기를 간청하며 다 함
께 이렇게 여쭈었느니라. '세존께서 법을 설하시면
매우 안락하고 편안하오리니, 모든 천인과 사람들
을 연민히 여기시어 넉넉히 이익되게 하옵소서.'라
고 하였습니다.”

부처님께서 비구들에게 말씀하셨습니다.

"대통지승부처님께서 아뇩다라삼먁삼보리를 얻으셨을 때 시방으로 각각 오백만 억 부처님 세계가 여섯 가지로 진동하고 그 세계의 중간에 해와 달의 광명이 능히 비치지 못했던 캄캄한 곳은 모두 크게 밝아져서, 그 가운데 중생이 각각 서로를 보며 모두 이렇게 말하기를 '이 곳에 어찌하여 홀연히 중생이 생겼는가?' 하였느니라. 또 그 세계의 모든 하늘 궁전과 범천의 궁전에 이르기까지 여섯 가지로 진동하고 큰 광명이 두루 비추어서 세계에 가득하니, 모든 하늘의 광명보다 수승하였느니라.

그때에 동방의 오백만 억 국토 가운데 있는 범천왕의 궁전에 광명이 비추니 평상시의 밝음보다 배나 더 밝았느니라. 여러 범천왕들이 생각하기를 '지금 궁전에 비치는 광명은 예전에 없던 일이니 무슨 인연으로 이런 모습이 나타나는가?' 하며 범천왕들이 각기 서로 찾아가서 함께 이 일을 의논하였느니라.

이때 그 대중 가운데 한 대범천왕이 있었으니 이름이 구일체라, 모든 범천 대중을 위하여 게송으로 말하였느니라.

우리들의 궁전마다 대광명이 가득하니
그인연이 무엇인가 서로함께 찾아보세
대성인이 나심인가 부처님의 출현인가
크나큰빛 상서광명 시방세계 두루하네

그때에 오백만 억 국토의 여러 범천왕들이 궁전과 함께 각자 바구니에 여러 가지 하늘 꽃들을 가득 담아 서쪽으로 함께 나아가서 이 모습을 찾다가, 대통지승여래께서 도량의 보리수 아래 사자좌에 앉아 계시니 여러 천신, 용왕, 건달바, 긴나라,

마후라가, 사람과 사람 아닌 이들에게 공손히 둘러싸여 계신 것을 보았느니라. 그리고 십육 왕자가 부처님께 법륜을 굴려주시기를 청하는 것을 보고 즉시 범천왕들이 머리를 숙여 부처님께 예배하고, 백천 번을 돌면서 하늘 꽃을 부처님 위에 흩뿌리니, 그 흩은 꽃이 수미산과 같았느니라. 아울러 부처님의 보리수에도 공양하니 보리수의 높이가 십유순이었느니라. 꽃으로 공양을 하고 각각 궁전을 부처님께 받들어 올리며, '오직 저희들을 불쌍히 여기시어 이익되게 하여 주시고, 바치는 이 궁전을 원하옵건대 받아 주시옵소서.'라고 말하였느니라.

이때 모든 범천왕들이 부처님 앞에서 한결같은 마음과 같은 음성으로 게송을 말하였느니라.

세존께서 희유하여 만나뵙기 어려워라
무량공덕 갖추어서 능히일체 구하시며

천신인간 스승되어 중생들을 위하시니
시방세계 모든중생 큰이익을 얻나이다
저희들이 찾아온곳 오백만억 먼국토며
선정락을 다버린건 부처공양 위함이라
저희전생 복덕으로 장엄하게 꾸민궁전
세존님께 바치오니 오직받아 주옵소서

그때에 범천왕들이 게송으로 부처님을 찬탄하
고 나서 각자 이렇게 말하였느니라. '오직 원하옵
건대 세존께서는 법륜을 굴리시어 중생을 제도하
시고 열반의 길을 열어주시옵소서.'
이때 모든 범천왕들이 한결같은 마음과 같은 음
성으로 게송을 말하였느니라.

세상영웅 양족존은 무량한법 연설하여
대자대비 큰힘으로 중생제도 하옵소서

그때에 대통지승여래께서는 묵묵히 허락하셨느니라.

또 비구들이여, 동남방의 오백만 억 국토의 모든 대범천왕들도 각각 자기의 궁전에 광명이 비치는 것을 보고 예전에 없었던 일이라 뛸 듯이 기뻐하며 희유하다는 마음을 내어 곧 각기 서로 찾아가서 함께 이 일을 의논하였느니라. 이때 그 대중 가운데 한 대범천왕이 있으니 이름이 대비라, 모든 범천의 대중을 위하여 게송으로 말하였느니라.

무슨인연 있었길래 이런상서 나타나나
저희들의 여러궁전 전에없던 광명이라
대덕께서 나심인가 부처께서 오심인가
일찍없던 이상서를 일심으로 찾아보세
천만국토 지나가도 광명따라 찾아보니

많은부처 출현하여 중생제도 하느니라

그때에 오백만 억 범천왕들은 궁전과 함께 바구니에 여러 가지 하늘 꽃들을 가득 담아 서북쪽으로 함께 나아가서 이 모습을 찾다가, 대통지승여래께서 도량의 보리수 아래 사자좌에 앉아 계시니여러 천신, 용왕, 건달바, 긴나라, 마후라가, 사람과 사람 아닌 이들에게 공손히 둘러싸여 계신 것을 보았느니라. 그리고 십육 왕자가 부처님께 법륜을 굴려주시기를 청하는 것을 보고, 이때에 범천왕들이 머리를 숙여 부처님께 예배하고, 백천 번을 돌면서 하늘 꽃을 부처님 위에 흩뿌리니, 그 흩은 꽃이 수미산과 같았느니라. 아울러 부처님의 보리수에도 공양하였느니라. 꽃으로 공양을 하고 각각 궁전을 부처님께 받들어 올리며, '오직 저희들을 불쌍히 여기시어 이익되게 하여 주시고, 바치는 이 궁전을 원하옵건대 받아 주시옵소서.'라고 말하였느니라.

　이때 모든 범천왕들이 부처님 앞에서 한결같은 마음과 같은 음성으로 게송을 말하였느니라.

　　성스러운 하늘의왕 가릉빈가 음성으로
　　중생위해 연설하니 저희들이 예경하네
　　세존께서 희유하사 출현하기 어려우며
　　일백팔십 오랜겁을 부처님이 안계시니
　　삼악도는 충만하고 하늘중생 감소하네
　　이제부처 오시어서 중생들의 눈이되니
　　세간모두 귀의하고 온갖것을 구호하네
　　중생위해 아비되어 이익되게 하시나니
　　저희들의 숙세의복 지금세존 뵙게되네

　그때에 범천왕들이 게송으로 부처님을 찬탄하

고 나서 각자 이렇게 말하였느니라. '오직 원하옵건대 세존께서는 법륜을 굴리시어 중생을 제도하여 해탈하게 하옵소서.' 이때 모든 범천왕들이 한결같은 마음과 같은 음성으로 게송을 말하였느니라.

대성세존 법륜굴려 모든법을 보이시고
고뇌중생 제도하여 큰기쁨을 얻게하네
중생들은 이법듣고 도를얻어 천상나며
모든악도 줄어들고 선한사람 많아지네

그때에 대통지승여래께서는 묵묵히 허락하셨느니라.

또 비구들이여, 남방의 오백만 억 국토의 모든 대범천왕들도 각각 자기의 궁전에 광명이 비치는 것을 보고 예전에 없었던 일이라 뛸 듯이 기뻐하며 희유하다는 마음을 내어 곧 각기 서로 찾아가서 함께 이 일을 의논하기를 '어떤 인연으로 우리들의 궁전에 이런 광명이 비치는가.' 하였느니라. 그 대중 가운데 한 대범천왕이 있으니 이름이 묘법이라, 모든 범천의 대중을 위하여 게송으로 말하였느니라.

저희들의 모든궁전 광명매우 밝은것이
인연없지 아니하니 이상서를 찾아보세
백천겁이 지나도록 이런모습 보지못해
대덕께서 나심인가 부처께서 오심인가

그때에 오백만 억 범천왕들은 궁전과 함께 바구니에 여러 가지 하늘 꽃들을 가득 담아 북쪽으로 함께 나아가서 이 모습을 찾다가, 대통지승여래께서 도량의 보리수 아래 사자좌에 앉아 계시며 여러 천신, 용왕, 건달바, 긴나라, 마후라가, 사람과 사람 아닌 이들에게 공손히 둘러싸여 계신 것을 보았느니라. 그리고 십육 왕자가 부처님께 법륜을 굴려주시기를 청하는 것을 보고 범천왕들이 머리를 숙여 부처님께 예배하였으며, 백천 번을 돌면서 하늘 꽃을 부처님 위에 흩뿌리니 그 흩은 꽃이 수미산과 같았느니라. 아울러 부처님의 보리수에도 공양하였느니라. 꽃으로 공양을 하고 각각 궁전을 부처님께 받들어 올리며, '오직 저희들을 불쌍히 여기시어 이익되게 하여 주시고, 바치는 이 궁전을 원하옵건대 받아 주시옵소서.'라고 말하였느니라.

이때 모든 범천왕들이 부처님 앞에서 한결같은 마음과 같은 음성으로 게송을 말하였느니라.

세존뵙기 어려워라 온갖번뇌 깨뜨린분
백삼십겁 지나고야 이제한번 친견하네

목마르고 주린중생 법비로써 충만하니
예전에는 보지못한 한량없는 지혜일세
우담발화 꽃피듯이 오늘에야 만났으니
저희들의 모든궁전 광명으로 장엄하네
세존이여 대자비로 오직받아 주옵소서

그때에 범천왕들이 게송으로 부처님을 찬탄하고 나서 각자 이렇게 말하였느니라. '오직 원하옵건대 세존께서는 법륜을 굴리시어 일체 세간의 천신, 마왕, 범천, 사문, 바라문들로 하여금 모두 편안함을 얻어 제도하여 해탈하게 하옵소서.'

이때 모든 범천왕들이 한결같은 마음과 같은 음성으로 게송을 말하였느니라.

원하오니 세존께서 무상법륜 굴리시고
큰법북을 울리시고 큰법라를 부시면서

큰법비를 널리내려 중생제도 하옵소서
저희들이 귀의하니 깊은음성 설하소서

그때에 대통지승여래께서는 묵묵히 허락하셨
느니라.

서남방과 하방까지도 또한 이와 같았느니라. 그
때에 상방의 오백만 억 국토의 모든 대범천왕들도
각각 자기의 궁전에 광명이 비치는 것을 보고 예
전에 없었던 일이라 뛸 듯이 기뻐하며 희유하다는
마음을 내어 곧 각기 서로 찾아가서 함께 이 일을
의논하기를 '어떤 인연으로 우리들의 궁전에 이런
광명이 비치는가.' 하였느니라.

이때 그 대중 가운데 한 대범천왕이 있으니 이
름이 시기라, 모든 범천 대중을 위하여 게송으로
말하였느니라.

지금무슨 인연으로 저희들의 궁전마다
위덕광명 밝았으니 전에없던 장엄이라
이와같이 묘한모습 듣도보도 못했거늘
대덕께서 나심인가 부처께서 오심인가

그때에 오백만 억 범천왕들은 궁전과 함께 바구
니에 여러 가지 하늘 꽃들을 가득 담아 하방으로
함께 나아가서 이 모습을 찾다가, 대통지승여래께
서 도량의 보리수 아래 사자좌에 앉아 계시며 여
러 천신, 용왕, 건달바, 긴나라, 마후라가, 사람과
사람 아닌 이들에게 공손히 둘러싸여 계신 것을
보았느니라. 그리고 십육 왕자가 부처님께 법륜을
굴려주시기를 청하는 것을 보고 범천왕들이 머리
를 숙여 부처님께 예배하였으며, 백천 번을 돌면서
하늘 꽃을 부처님 위에 흩뿌리니, 그 흩은 꽃이 수
미산과 같았느니라. 아울러 부처님의 보리수에도

공양하였느니라. 꽃으로 공양을 하고 각각 궁전을 부처님께 받들어 올리며, '오직 저희들을 불쌍히 여기시어 이익되게 하여 주시고, 바치는 이 궁전을 원하옵건대 받아 주시옵소서.'라고 말하였느니라.

이때 모든 범천왕들이 부처님 앞에서 한결같은 마음과 같은 음성으로 게송을 말하였느니라.

거룩하신 부처님들 세상구원 하시려고
삼계지옥 많은중생 부지런히 건져내고
넓은지혜 갖춘세존 연민으로 중생위해
감로문을 활짝열어 널리일체 제도하네
지난옛날 오랜겁을 부처없이 지냈으니
세존께서 오시기전 시방세계 캄캄하고
삼악도만 점점늘어 아수라만 왕성하며
하늘중생 점차줄어 죽어서는 악도라네
부처님법 듣지못해 착한일은 아니하고

육신의힘 지혜의힘 모두점차 줄어드네
죄업지은 인연으로 즐거움은 사라지고
삿된법에 머물러서 선한법칙 알지못해
부처교화 못받아서 항상악도 떨어지네
세상의눈 부처님이 오랜만에 출현하여
고통받는 모든중생 가련하게 여기시어
최정각을 이루시니 저희들은 경사롭고
다른일체 중생들도 미증유라 찬탄하네
저희들의 모든궁전 광명받아 장엄되어
세존전에 바치오니 오직받아 주옵소서
원하오니 이공덕이 모두에게 돌아가서
저희들과 일체중생 성불하게 하옵소서

그때에 오백만 억 범천왕들이 게송으로 부처님
을 찬탄하고 나서 각자 부처님께 말씀드렸느니라.
'오직 원하옵건대 세존께서는 법륜을 굴리시어 편

안함이 많고 제도 받아 해탈함이 많을 것입니다.'

이때 모든 범천왕들이 게송을 말하였느니라.

세존께서 법륜굴려 감로북을 울리시어
고뇌중생 건지시고 열반의길 보이소서
부디저희 요청들어 크고묘한 음성으로
무량세월 익히신법 자애롭게 설하소서

그때에 대통지승여래께서 시방의 모든 범천왕
들과 십육 왕자의 청을 받으시고 즉시 세 차례 십
이행의 법륜을 전하시었느니라. 이는 사문이나 바
라문, 천신, 마왕, 범천 그리고 나머지 세간의 누구
도 설할 수 없는 것이니라. 이른바 이것은 괴로움
이요, 이것은 괴로움의 원인이며, 이것은 괴로움의
소멸이요, 이것은 괴로움이 소멸하는 길이라 하시
고 또 십이인연법을 널리 말씀하셨으니, 무명은 행

을 반연하고, 행은 식을 반연하고, 식은 명색을 반연하고, 명색은 육입을 반연하고, 육입은 촉을 반연하고, 촉은 수를 반연하고, 수는 애를 반연하고, 애는 취를 반연하고, 취는 유를 반연하고, 유는 생을 반연하고, 생은 노, 사, 우, 비, 고, 뇌를 반연하느니라. 무명이 멸하면 행이 멸하고, 행이 멸하면 식이 멸하고, 식이 멸하면 명색이 멸하고, 명색이 멸하면 육입이 멸하고, 육입이 멸하면 촉이 멸하고, 촉이 멸하면 수가 멸하고, 수가 멸하면 애가 멸하고, 애가 멸하면 취가 멸하고, 취가 멸하면 유가 멸하고, 유가 멸하면 생이 멸하고, 생이 멸하면 노, 사, 우, 비, 고, 뇌가 멸하느니라.

부처님께서 천신과 인간 대중에게 이 법을 설하실 때 육백만 억 나유타 사람들이 일체 경계를 받아들이지 아니한 까닭에 모든 번뇌에서 마음의 해탈을 얻었으며, 깊고 묘한 선정과 삼명과 육신통을 얻고 여덟 가지 해탈을 갖추었느니라. 두 번째, 세 번째 그리고 네 번째 법을 설하실 때에도 천만 억 항하사 나유타 중생이 또한 집착하지 아니한 까닭에 모든 번뇌에서 마음의 해탈을 얻었으며, 이후로부터 성문 대중도 한량없고 가이없어서 이루 다 헤아릴 수 없었느니라.

그때에 십육 왕자는 모두 동자로 출가하여 사미가 되었는데, 모두 근기가 영리하고 지혜가 밝았으며, 이미 백천만 억의 부처님께 공양하고 범행을 깨끗이 닦아 아뇩다라삼먁삼보리를 구하려고 함께 부처님께 말씀드렸느니라.

'세존이시여, 이 한량없는 천만 억의 대덕 성문들은 이미 다 법을 성취하였습니다. 세존께서는 또한 저희들을 위하여 마땅히 아뇩다라삼먁삼보리법을 설하여 주시옵소서. 저희들이 듣고 다 함께 닦고 배우겠습니다. 세존이시여, 저희들이 마음으로 바라는 여래의 지견과 마음 깊이 생각하는 바를 부처님께서는 스스로 증득하시어 아실 것입니다.'

그때에 전륜성왕이 거느린 대중 가운데 팔만 억의 사람들이 십육 왕자가 출가하는 것을 보고 역시 출가하기를 원하므로 왕은 즉시 허락하였느니라.

그때에 저 부처님께서 사미들의 청을 받으시고 이만 겁이 지나서야 사부대중 가운데서 대승경을 설하시니 이름이 묘법연화경이니라. 보살들을 가르치는 법이며 부처님께서 보호하고 아끼는 바이니라. 이 경전을 설하시니 열여섯 사미들은 아뇩다라삼먁삼보리를 위하여 다 함께 받아 지니고 읽고 외우고 통달하였느니라.

이 경전을 설하실 때 열여섯 보살사미들은 모두 다 믿고 받았으며 성문 대중 가운데에도 역시 믿고 이해하는 이가 있었으나 그 나머지 천만 억 종류의 중생은 모두 의혹을 내었느니라. 부처님께서 팔천 겁 동안 이 경전을 쉬거나 그만두지 않으셨고 이 경전을 다 설하시고는 고요한 방에 들어가시어 팔만사천 겁 동안 선정에 머무르셨느니라. 이때 열여섯 보살사미들은 부처님께서 방에 들어 고요히 선정에 드신 것을 알고 각각 법좌에 올라 팔만사천 겁 동안 사부대중을 위하여 묘법연화경을 널리 분별하여 설하였느니라. 한 분 한 분 모두 육백만 억 나유타 항하사 같은 중생을 제도하여 보여주고 가르쳐서 이롭고 기쁘게 하였으며, 아뇩다라삼먁삼보리의 마음을 내게 하였느니라.

대통지승불께서 팔만사천 겁을 지나 삼매로부터 일어나시어 법좌에 나아가 편안히 앉으시어 널리 대중에게 말씀하셨느니라.

'이 열여섯의 보살사미들은 매우 희유하여 근기

가 영리하며 지혜가 밝았고, 이미 한량없는 천만
억의 부처님들께 공양하고 부처님 처소에서 항상
범행을 닦았으며, 부처님의 지혜를 받아 지니고 중
생에게 열어 보여주어 그 안에 들어가게 하였느니
라. 그대들은 모두 마땅히 자주 자주 친근하여 공
양하여라.'

왜냐하면 만일 성문이나 벽지불이나 보살들이
능히 이 열여섯 보살사미들이 설하는 경전의 가르
침을 믿고 받아 지니어 훼방하지 않는다면 이 사
람은 모두 마땅히 아뇩다라삼먁삼보리와 여래의
지혜를 얻을 수 있기 때문이니라."

부처님께서 비구들에게 말씀하셨습니다.
"이 열여섯 보살들은 항상 이 묘법연화경을 즐
겨 설하여, 각각의 보살이 교화한 육백만 억 나유
타 항하사 같은 중생은 세세생생 보살들과 함께하

여 그들로부터 법을 듣고 모두 믿고 이해하였느니라. 이런 인연으로 사백만 억 모든 부처님 세존을 만나 뵈었으며, 지금도 다하지 않았느니라.

비구들이여, 내가 이제 그대들에게 말하노라. 저 부처님의 제자인 열여섯 사미들은 지금 모두 아뇩다라삼먁삼보리를 얻고 시방의 국토에서 현재 법을 설하여서, 한량없는 백천만 억 보살과 성문들이 권속이 되었느니라. 그 중 두 사미는 동방에서 성불하였으니, 첫째 이름은 아촉으로 환희국에 계시고 둘째 이름은 수미정이니라. 동남방의 두 부처님은 첫째 이름이 사자음이요, 둘째 이름은 사자상이며, 남방의 두 부처님은 첫째는 허공주이고 둘째는 상멸이며, 서남방의 두 부처님은 첫째는 제상이고 둘째는 범상이며, 서방의 두 부처님은 첫째는 아미타이고 둘째는 도일체세간고뇌이며, 서북방의 두 부처님은 첫째는 다마라발전단향신통이고 둘째는 수미상이며, 북방의 두 부처님은 첫째는 운자재이고 둘째는 운자재왕이며, 동북방의 부처님 이름은 괴일체세간포외이며, 열여섯 번째는 나 석가모니불이니 사바세계에서 아뇩다라삼먁삼보리를 성취하였느니라.

모든 비구들이여, 우리들이 사미로 있을 때에 각각 백천만 억 항하사 같은 중생을 교화하였으니 그들이 우리에게 법을 들은 것은 아뇩다라삼먁삼보리를 위한 것이니라. 이 모든 중생이 지금까지 성문의 경지에 머물러 있는 것을 내가 항상 아뇩다라삼먁삼보리로 교화하였으니 이 사람들도 당연히 이 법으로써 점차 불도에 들어가리라. 왜냐하면 여래의 지혜는 믿기도 어렵고 알기도 어렵기 때문이니라. 그때에 교화한 한량없는 항하사 같은 중생은 그대들 모든 비구와 내가 열반한 뒤에 미래 세상에 있을 성문 제자들이니라.

내가 열반한 뒤에 다시 어떤 제자가 이 경전을 듣지 못하여 보살이 행하여야 할 바를 알지 못하고 깨닫지 못하면서, 스스로 얻은 공덕으로 열반하였다는 생각을 내어 마땅히 열반에 들게 되었다고 한다면, 내가 다른 나라에서 부처님이 되어 다시 다른 이름을 가지리라. 이 사람이 비록 열반하였다는 생각을 내어 열반에 들더라도 저 국토에서 부처님의 지혜를 구하여 이 경전을 듣게 될 것이니라. 오직 불승으로만 열반을 얻을 것이요, 다시 다른 승은 없느니라. 다만 모든 여래께서 방편으로 설한 법은 제외하느니라.

모든 비구들이여, 만일 여래께서 스스로 열반할 때가 되셨고 대중 또한 청정하여서 믿고 이해함이 견고하여 공한 법을 깨달아 선정에 깊이 들어간 것을 알면, 곧 모든 보살과 성문들을 모아서 이 경전을 설할 것이니라. 세상에서는 이승으로 열반을 얻을 수 없고 오직 일불승이라야 열반을 얻을 수 있느니라.

비구들이여, 마땅히 알라. 여래는 방편으로 중생의 성품에 깊이 들어가서 그들의 마음이 소승법을 좋아하여 오욕에 깊이 탐착한 것을 알고 이들을 위하여 거짓으로 열반을 설하나니, 이 사람이 듣는다면 그대로 믿고 받아들이느니라.

비유하면 오백 유순이나 되는 험난하고 나쁜 길에 인적마저 끊어진 무서운 이 길을 많은 대중이 지나서 진귀한 보물이 있는 곳에 이르고자 하였느니라. 한 인도자가 있었으니 총명한 지혜로 밝게 통달하여 험한 길의 통하고 막힌 곳을 잘 알아서 사람들을 데리고 이 어려운 곳을 지나가려고 하였느니라. 따라가던 사람들이 중도에 게을러져 물러

서며 인도자에게 말하기를 '저희들은 몹시 피곤하고 또한 두렵고 무서워서 능히 다시 나아갈 수 없습니다. 가야 할 길이 오히려 멀기만 하니, 지금 되돌아가고 싶습니다.'라고 하였느니라.

인도자는 여러 가지 방편이 많으므로 이런 생각을 하였느니라. '이 사람들은 참으로 불쌍하구나. 어찌하여 크고 진귀한 보물을 버리고 되돌아가려 하는가?' 이런 생각을 하고는 방편력으로 삼백 유순을 지난 험한 길의 중간에 성 하나를 변화하여 만들어 사람들에게 '그대들은 두려워하지 말고 되돌아가지 말아라. 지금 이 큰 성에서 머무르면 마음대로 할 수 있으니, 만일 이 성안에 들어가면 마음이 즐겁고 편안해질 것이요, 만일 능히 앞에 보물이 있는 곳으로 가고자 하면 또한 갈 수 있으리라.'라고 하였느니라.

이때 몹시 피로한 사람들이 마음으로 크게 기뻐하여 일찍이 없던 일이라고 찬탄하며 '우리들은 이제 이 나쁜 길을 벗어나 즐겁고 편안함을 얻었노라.' 하였느니라. 그리하여 사람들은 앞에 있는 변화로 된 성에 들어가서 '이미 제도 되었다.'라는 생각을 하고, '편안하다'라는 생각을 하였느니라. 그때에 인도자는 이 많은 사람들이 이미 머물며 휴식을 얻어 다시는 피로함이 없음을 알고 곧 변화로 만든 성을 없애고 사람들에게 '여러분, 어서 갑시다. 보배가 있는 곳이 가까워졌습니다. 조금 전에 있던 큰 성은 내가 머물러 쉬게 하려고 변화로 만든 것입니다.'라고 하였느니라.

모든 비구들이여, 여래도 또한 이와 같아서 지금 그대들을 위하여 대도사가 되었느니라. 모든 생사번뇌의 나쁜 길은 험난하며 길고 멀지만 반드시 지나가야 하고 반드시 건너가야 하느니라. 만일 중생이 다만 일불승만을 듣는다면 부처님을 뵈려고 하지도 않고 가까이 하려고도 하지 않으며 곧 '부처님의 길은 길고 멀어서 오랜 세월을 부지런히 고행해야만 이룰 수 있으리라.'고 생각하느니라. 부처님께서는 이들의 마음이 겁이 많고 나약하며 하열함을 아시고 방편력으로 중도에 머물러 쉬게 하시려고 이승의 열반을 설하셨느니라. 만일 중생이 이승의 경지에 머무르면, 여래께서는 그때에 이렇게 말씀하시길 '그대들은 해야 할 바를 다 하지 못하였느니라. 그대들이 머물고 있는 경지는 부처님의 지혜에 가깝기는 하나 반드시 잘 관찰하고 헤아려야만 하느니라. 그대들이 얻은 열반은 진실이 아니요, 다만 여래께서 방편의 힘으로 일불승을 분별하여 삼승으로 설한 것일 뿐이니라.'고 설하셨느니라.

마치 저 인도자가 머물러 쉬게 하려고 큰 성을 변화하여 만들었다가 이미 쉬었음을 알고 말하기를 '보물이 있는 곳이 가까우니라. 이 성은 진짜가 아니고 내가 변화로 만든 것이다.'라고 하는 것과 같느니라."

제8 오백제자수기품

그때에 부루나미다라니자가 부처님으로부터 지혜와 방편으로 마땅함을 따라 법을 설하시는 것을 들었습니다. 또한 큰 제자들에게 아뇩다라삼먁삼보리의 수기 주시는 것을 들었습니다. 또한 지난 세상 인연의 일을 들었습니다. 또한 모든 부처님께서 크고 자재하신 신통력이 있으시다는 것을 듣고 일찍이 없었던 일을 얻어 마음이 청정하여 뛸 듯이 기뻐하였습니다. 곧 자리에서 일어나 부처님 앞으로 나아가 머리를 숙여 발에 예배하고 한쪽으로 물러나서 부처님의 존안을 우러러보며, 눈을 잠시도 떼지 않고 이런 생각을 하였습니다.

'세존께서는 매우 드물고 특별하시며 하시는 일도 희유하시어 세간의 여러 가지 성품에 따라 방편과 지견으로써 법을 설하시어, 중생이 곳곳에서 탐욕하고 집착하는 것에서 떠나게 하여 주시니, 우리들은 부처님의 공덕을 말로는 다할 수가 없느니라. 오직 부처님 세존만이 우리들의 마음속 깊은 본래의 서원을 아시리라.'

그때에 부처님께서 여러 비구들에게 말씀하셨습니다.

"그대들은 이 부루나미다라니자를 보느냐? 나는 항상 그가 법을 설하는 사람 중에 제일이라 칭찬하며 항상 그의 온갖 공덕을 찬탄하느니라. 부지런히 정진하여 나의 법을 지켜 보호하고 도와 널리 펴며, 능히 사부대중에게 보이고 가르쳐서 이롭고 기쁘게 하느니라. 부처님의 바른 법을 잘 갖추어 해석하여 함께 범행을 닦는 이들에게 크게 이익되게 하나니, 여래를 제외하고는 능히 그의 논의하는 솜씨를 당할 이가 없느니라.

그대들은 부루나가 단지 나의 법만을 지키고 보호하여 도와서 널리 편다고 생각하지 말라. 또한 과거 구십억 부처님의 처소에서도 부처님의 정법을 지키고 보호하여 도와서 널리 폈으며, 저 때도 법을 설하는 사람 가운데서도 제일이었느니라.

또 모든 부처님께서 설하신 공한 법을 명료하게 통달하였으며, 사무애지를 얻어서 항상 자세히 살피고 청정하게 법을 설하여 의혹이 없으며, 보살의 신통한 힘을 갖추어 그 목숨이 다하도록 항상 범행을 닦았느니라. 그 부처님 세상의 사람들이 모두 말하기를 '진정한 성문이다.' 하였느니라. 그러므로 부루나는 이러한 방편으로 한량없는 백천 중생을 이롭게 하였고, 또한 한량없는 아승지의 사람들을 교화하여 아뇩다라삼먁삼보리를 일으키게 하였으며, 부처님의 국토를 청정하게 하려고 항상 부지런히 정진하여 중생을 교화하고, 보살의 도를 점점 갖추어 한량없는 아승지 겁을 지나서 마땅히 이 땅에서 아뇩다라삼먁삼보리를 얻을 것이니, 이름은 법명여래, 응공, 정변지, 명행족, 선서, 세간해, 무상사, 조어장부, 천인사, 불세존이니라.

그 부처님께서는 항하사 같은 삼천대천세계를 하나의 부처님 국토로 만드시니, 칠보로 땅이 되고, 그 땅의 평평하기가 손바닥 같아서 산이나 언덕이나 시냇물이나 계곡이 없으며, 칠보로 된 누각들이 그 안에 가득하리라. 하늘의 궁전들이 허공 가까이 있어서 인간과 천신들이 서로 사귀며 볼 수 있으리라. 모든 악도가 없고 여인도 없으며 일체 중생이 모두 화생하여 음욕이 없으며 큰 신통을 얻어 몸에서는 광명이 나고 자유자재하게 날아다니며 정진과 지혜에 대한 뜻과 생각이 견고하고, 몸은 모두 금색으로 삼십이상이 저절로 장엄되었느니라.

그 나라 중생은 항상 두 가지로 음식을 삼나니, 첫째는 법의 기쁨에서 오는 음식이요, 둘째는 선정의 기쁨에서 오는 음식이니라. 한량없는 아승지 천만 억 나유타의 보살들이 있어서 큰 신통력과 사무애지를 얻어 능히 중생을 잘 교화하리라. 성문 대중은 산수로 헤아려도 능히 알 수 없고 모두 육신통과 삼명과 팔해탈을 구족하였느니라. 그 부처님의 국토는 이와 같이 한량없는 공덕으로 장엄을 성취하였느니라. 겁의 이름은 보명이요, 나라의 이름은 선정이며, 부처님의 수명은 한량없는 아승지 겁이요, 법이 오래 머무를 것이며, 부처님께서 열반하신 뒤에는 칠보로 탑을 세워 나라 안에 가득하리라."

그때에 마음이 자재한 천이백 아라한들이 이렇게 생각하였습니다. '우리들은 환희롭게도 일찍이 전에 없던 일을 얻었으니, 만일 세존께서 큰 제자들처럼 각기 수기를 주신다면 또한 기쁘지 않겠는가.'

부처님께서 이들의 마음을 아시고 마하가섭에게 말씀하셨습니다.

"이 천이백 아라한에게 내가 이제 차례대로 아뇩다라삼먁삼보리의 수기를 주리라. 이 대중 가운데 나의 큰 제자 교진여 비구는 마땅히 육만 이천억의 부처님을 공양한 뒤에 성불하리니 이름은 보명여래, 응공, 정변지, 명행족, 선서, 세간해, 무상사, 조어장부, 천인사, 불세존이니라. 그리고 오백 아라한인 우루빈나가섭, 가야가섭, 나제가섭, 가루타이, 우타이, 이바다, 겁빈나, 박구라, 주타, 사가타 등도 모두 마땅히 아뇩다라삼먁삼보리를 얻어서 다 같이 이름을 보명이라 하느니라.”

그때에 오백 아라한들은 부처님 앞에서 수기를 받고 뛸 듯이 기뻐하며 자리에서 일어나, 부처님 앞에 나아가 머리를 숙여 발에 예배하고 허물을 뉘우치며 스스로 책망하기를 “세존이시여, 저희들은 항상 스스로 이미 구경의 열반을 얻었다고 생각을 하였습니다. 그러나 지금 알고 보니 지혜가 없는 사람들과 같았습니다. 왜냐하면 저희들은 응당 여래의 지혜를 얻었건만, 스스로 조그마한 지혜에 만족하였기 때문입니다.

세존이시여, 비유하면 어떤 사람이 친한 친구의 집에 갔다가 술에 취해 누웠는데, 이때 친구가 관청의 일로 나가게 되어 값을 매길 수 없는 보배구슬을 그의 옷 속에 꿰매어주고 나갔습니다. 그 사람은 술에 취해 누워 있어서 이 일을 전혀 알지 못하였고, 일어나서 떠돌아다니다가 다른 나라에 도착하여 입고 먹을 것을 부지런히 찾으며 있는 힘을 다했으나 매우 어려워서 조금이라도 얻게 되면 곧 만족하였습니다.

그 후에 친구는 우연히 그를 만나 말하였습니다. '애석하구나, 이 사람아, 어찌하여 옷과 밥 때문에 이렇게까지 되었는가. 내가 예전에 그대로 하여금 안락하게 오욕을 마음껏 누리게 하려고 모년 모월 모일에 값을 매길 수 없는 보배구슬을 그대의 옷 속에 꿰매어주지 않았던가. 아마 지금도 그대로 있으리라. 그대가 알지 못하고 실컷 고생하며 근심 걱정하고 혼자의 힘으로 살아왔으니 참으로 어리석구나. 그대는 이제 이 보배로 필요한 것을 사고판다면 언제나 마음대로 쓰면서 부족한 것이 없으리라.' 하였습니다.

부처님께서도 이와 같아서 보살로 계실 때에 저희들을 교화하여 일체지의 마음을 내도록 하셨습니다. 그러나 저희들은 잊어버려 알지도 못하고 깨닫지도 못하여 이미 아라한의 도를 얻은 것을 스스로 열반이라 말하였으며, 살아가는 것이 어려워 작은 것을 얻고도 만족하였으나 일체지에 대한 서원만은 여전히 잃지 않고 있었습니다. 이제 세존께서 저희들을 깨닫게 하시려고 이렇게 말씀하셨습니다.

'여러 비구들이여, 그대들이 얻은 것은 구경의 열반이 아니니라. 내가 오래전부터 그대들에게 부처님의 선근을 심게 하려고 방편으로 열반의 모습을 보여주었던 것인데, 그대들은 참으로 열반을 얻

었다고 말하는구나.'

　세존이시여, 저희들은 이제서야 참으로 보살로서 아뇩다라삼먁삼보리의 수기를 받았음을 알았습니다. 이러한 인연으로 매우 크게 환희하고 일찍이 없던 일을 얻었나이다.

제9 수학무학인기품

그때에 아난과 라후라가 이렇게 생각하였습니다. '우리들도 언제나 스스로 생각하기를 만일 수기를 받는다면 또한 기쁘지 않겠는가.' 하고 곧 자리에서 일어나 부처님 앞으로 나아가 머리 숙여 부처님 발에 예배하고 함께 부처님께 말씀드렸습니다.

"세존이시여, 저희들도 수기에 대하여 또한 마땅한 몫이 있을 것입니다. 오직 여래만이 저희들이 귀의할 곳입니다. 또한 모든 세간의 천신과 사람과 아수라들이 저희들을 보고 이를 잘 알고 있습니다. 아난은 항상 시자가 되어 법장을 수호하고 있으며, 라후라는 부처님의 아들입니다. 만일 부처님께서 아뇩다라삼먁삼보리의 수기를 주신다면 저희들의 소원이 이루어질 것이고 중생의 소망도 또한 이루어질 것입니다.”

그때에 배우는 이와 다 배운 이들인 성문제자 이천 명이 자리에서 일어나 오른쪽 어깨를 드러내고 부처님 앞에 나아가 일심으로 합장하고 세존을 우러러보며 ‘아난과 라후라의 소원과 같나이다.’ 하고 한쪽에 머물러 서 있었습니다.

그때에 부처님께서 아난에게 말씀하셨습니다.
“그대는 오는 세상에 마땅히 부처님이 되리니 이름은 산해혜자재통왕여래, 응공, 정변지, 명행족, 선서, 세간해, 무상사, 조어장부, 천인사, 불세존이라 하리라. 마땅히 육십이억 부처님께 공양하고 법장을 수호한 후에 아뇩다라삼먁삼보리를 얻고, 이십 천만 억 항하사의 보살들을 교화하여 아뇩다라삼먁삼보리를 이루게 하리라. 나라의 이름은 상립 승번이요, 그 국토는 청정하여 유리로 땅이 되며, 겁의 이름은 묘음변만이니라. 그 부처님의 수명은 한량없는 천만 억 아승지 겁이니라. 만일 어떤 사람이 천만 억 아승지 겁 동안 산수로 계산하더라도 능히 알지 못할 것이며, 정법이 세상에 머물기는 수명의 배가 되고, 상법이 세상에 머물기는 정법의 배가 될 것이니라. 아난아, 이 산해혜자재통왕불은 시방의 한량없는 천만 억 항하사 부처님 여래께서 함께 찬탄하며 그 공덕을 칭찬하느니라."

그때에 법회 중에 새로 발심한 팔천 명의 보살들이 다 함께 이런 생각을 하였습니다. '우리들은 큰 보살들도 이러한 수기를 받았다는 것을 듣지 못했거늘, 무슨 인연으로 성문들이 이와 같은 수기를 얻게 된 것일까?'

그때에 세존께서 보살들이 마음속으로 생각하시는 바를 아시고 이렇게 말씀하셨습니다.

"선남자들이여, 내가 아난과 함께 공왕부처님 처소에서 동시에 아뇩다라삼먁삼보리심을 내었느니라. 아난은 항상 많이 듣기를 좋아하였고, 나는 언제나 부지런히 정진하였느니라. 그리하여 나는 아뇩다라삼먁삼보리를 이루었지만 아난은 나의 법을 수호하고 또한 장차 오실 부처님들의 법장도 수호하며 많은 보살들을 교화하여 성취시키리니, 그의 본래의 서원이 그러하므로 이런 수기를 받느니라."

아난이 부처님 앞에서 수기를 받고 국토의 장엄함을 직접 듣자 원하던 것이 이루어져 마음이 크게 환희하여 일찍이 없던 일을 얻게 되자, 즉시 과거 한량없는 천만 억 부처님의 가르침을 기억하여 걸림 없이 통달하게 되니, 마치 지금 듣는 듯하였습니다. 또한 본래의 서원도 알게 되었습니다.

그때에 아난이 게송으로 말하였습니다.

세존매우 희유하사 저로인한 지난세상
한량없는 부처님법 마치오늘 들은듯이
생각나게 해주시니 모든의심 사라지고
불도속에 안주하여 방편으로 시자되어
불법호지 하오리다

그때에 부처님께서 라후라에게 말씀하셨습니다.
"그대는 오는 세상에 마땅히 부처님이 되리니 이름은 도칠보화여래, 응공, 정변지, 명행족, 선서, 세간해, 무상사, 조어장부, 천인사, 불세존이라 하리라. 마땅히 시방세계의 티끌 수와 같은 부처님 여래께 공양하고 항상 모든 부처님의 장자가 되어 지금과 같으리라. 이 도칠보화부처님 국토의 장엄과 수명의 겁 수와 교화하는 제자와 정법과 상법은 또한 저 산해혜자재통왕여래와 다르지 아니하며 또한 이 부처님의 장자가 되리니, 이런 이후에도 마땅히 아뇩다라삼먁삼보리를 얻을 것이니라."

그때에 세존께서 배우는 이와 다 배운 이들 이천 명의 사람들이, 그 뜻이 유연하고 고요하며 청정하여 일심으로 부처님을 바라보고 있는 것을 보시고 아난에게 말씀하셨습니다.

"그대는 이 배우는 이와 다 배운 이들 이천 명을 보느냐?"

"예, 보고 있습니다."

"아난아, 이 사람들은 마땅히 오십 세계 티끌 수

의 부처님 여래들을 공양하고 공경하며 존중하고 법장을 수호하다가 마지막에 동시에 시방세계에서 각각 성불하리라. 모두 이름이 동일한 명호니 이름은 보상여래, 응공, 정변지, 명행족, 선서, 세간해, 무상사, 조어장부, 천인사, 불세존이라 하리라. 수명은 일 겁이요, 국토의 장엄과 성문과 보살, 정법과 상법이 모두 다 같느니라."

그때에 배우는 이와 다 배운 이들 이천 명이 부처님께서 수기 주시는 것을 듣고 뛸 듯이 기뻐하며 게송으로 말하였습니다.

지혜등불 세존께서 저희에게 수기주니
기쁜마음 충만하고 감로수에 흠뻑젖네

제10 법사품

　그때에 세존께서 약왕보살로 인하여 팔만 보살들에게 말씀하셨습니다.

　"약왕이여, 그대는 이 대중 가운데 있는 한량없는 천신, 용왕, 야차, 건달바, 아수라, 가루라, 긴나라, 마후라가, 사람과 사람 아닌 이와, 비구, 비구니, 우바새, 우바이와 성문을 구하는 이, 벽지불을 구하는 이, 불도를 구하는 이를 보라. 이와 같은 이들이 부처님 앞에서 묘법화경의 한 게송이나 한 구절이라도 듣고, 나아가 일념이라도 따라 기뻐하는 이에게는 내가 모두 수기를 주어 마땅히 아뇩다라삼먁삼보리를 얻게 할 것이니라."

부처님께서 약왕에게 말씀하셨습니다.

"또 여래께서 열반한 후에 만일 어떤 사람이 묘법화경을 듣고 나아가 한 게송이나 한 구절만이라도 듣고 일념으로 따라 기뻐한다면, 내가 역시 아뇩다라삼먁삼보리의 수기를 줄 것이니라. 만일 또 어떤 사람이 묘법화경의 한 게송이라도 받아 지니고 읽고 외우며 해설하고 옮겨쓰며 이 경전을 부처님과 같이 공경하고, 갖가지 꽃과 향과 영락과 가루향과 바르는 향과 사르는 향과 비단으로 된 일산과 당기와 번기와 의복과 기악으로 공양하고 나아가 합장하고 공경한다면 약왕아, 마땅히 알라. 이런 사람들은 이미 일찍이 십만 억 부처님께 공양하고 모든 부처님 처소에서 큰 서원을 성취하였으나 중생을 불쌍히 여겨서 인간세상에 태어난 것이니라.

약왕이여, 만일 어떤 사람이 묻기를 '어떠한 중생이 미래 세상에서 마땅히 부처님이 되겠느냐?'라고 하면 '응당 이러한 사람들이 미래 세상에서 반드시 부처님이 되리라.'라고 가르쳐라. 왜냐하면, 만일 선남자 선여인이 묘법화경의 한 구절만이라도 받아 지니고 읽고 외우며 해설하고 옮겨쓰며, 갖가지로 경전에 공양하기를 꽃과 향과 영락과 가루향과 바르는 향과 사르는 향과 비단으로 된 일산과 당기와 번기와 의복과 기악으로 하고, 합장 공경하면, 이 사람은 일체 세간이 응당 우러러보고 받들 것이며, 응당 여래에게 공양하듯이 공양할 것이기 때문이니라.

약왕이여, 마땅히 알라. 이 사람은 큰 보살로서 아뇩다라삼먁삼보리를 성취했지만 중생을 가엾이 여기고 이 세상에 태어나기를 원하여 묘법화경을 널리 연설하고 분별하는 것이니라. 하물며 모두 능히 받아 지니고 갖가지로 공양하는 사람이야 말할 것이 있겠느냐.

마땅히 알라. 이 사람은 스스로 청정한 업보를 버리고 내가 열반한 뒤에 중생을 불쌍히 여기는 까닭에 악한 세상에 태어나서 이 경전을 널리 연설하는 것이니라. 만일 이 선남자 선여인이 내가 열반한 뒤에 능히 은밀하게 한 사람을 위해서라도 법화경의 한 구절이라도 설한다면, 이 사람은 곧 여래의 심부름꾼이라. 여래께서 보낸 사람으로 여래의 일을 행하는 사람인 줄 알아야 하나니, 하물며 대중 가운데서 널리 사람들을 위하여 설하는 것이야 말할 것이 있겠느냐.

약왕이여, 만일 악한 사람이 좋지 못한 마음으로 일 겁 동안을 부처님 앞에서 항상 부처님을 헐뜯고 욕하더라도 그 죄는 오히려 가벼우나, 만일

어떤 사람이 한마디 악한 말로 재가자나 출가한
이가 묘법화경을 읽고 외우는 것을 헐뜯고 비방하
면 그 죄는 훨씬 무거우니라.

약왕이여, 묘법화경을 읽고 외우는 사람이 있으
면 마땅히 알라. 이 사람은 부처님의 장엄으로써
스스로 장엄하는 것이며, 곧 여래께서 어깨로 짊어
진 것이니라. 그가 가는 곳에 마땅히 따라가서 예
배하고 일심으로 합장하고, 공경하고 공양하며 존
중하고 찬탄하여야 하느니라. 꽃과 향과 영락과 가
루향과 바르는 향과 사르는 향과 비단으로 된 일
산과 당기와 번기와 의복과 음식과 여러 음악을
연주해야 하며, 사람 중에서 가장 좋은 공양으로
공양해야 하고, 응당 천상의 보배를 가져다가 뿌려
야 하며, 천상의 보배 무더기를 받들어 올려야 하
느니라. 왜냐하면 이 사람이 환희심으로 법을 설하
는 것을 잠깐이라도 들으면 곧 구경의 아뇩다라삼

막삼보리를 얻기 때문이니라."

그때에 부처님께서 다시 약왕보살마하살에게 말씀하셨습니다.

"내가 설하는 경전은 한량없는 천만 억이니라. 이미 설했고 지금도 설하며 앞으로도 설할 것이니라. 그러나 그 가운데서 이 묘법화경은 가장 믿기 어렵고 이해하기 어려우니라. 약왕이여, 이 경전은 모든 부처님의 비밀스럽고 중요한 가르침이니 여기저기 퍼뜨려 함부로 사람들에게 주지 말아라. 모든 부처님 세존께서 수호하시는 것이니, 옛적부터 일찍이 이 경전을 드러내어 설하지 않은 것은, 현재에도 여래께 원망과 질투가 많거늘, 하물며 열반한 뒤에야 더 말할 것이 있겠느냐.

약왕이여, 마땅히 알라. 여래께서 열반한 뒤에 이 경전을 능히 쓰고 지니며, 읽고 외우며, 공양하고 다른 사람을 위하여 설해주는 이가 있으면 여래께서 곧 그를 옷으로 덮어줄 것이니라. 또 현재 다른 세계에 계시는 부처님들께서도 보호해 주실 것이니라. 이 사람은 크게 믿는 힘과 마음으로 서원하는 힘과 착한 근기의 힘이 있으니, 마땅히 알라. 이 사람은 여래와 함께 머물며 곧 여래께서 손으로 그의 머리를 쓰다듬어 주실 것이니라.

약왕이여, 어느 곳이든지 설하거나 읽거나 외우거나 쓰거나, 이 경전이 있는 곳에는 모두 마땅히 칠보탑을 세워서 지극히 높고 넓게 장엄하되 다시 사리를 봉안할 필요는 없느니라. 왜냐하면, 이 속에는 이미 여래의 전신이 있기 때문이니라. 이 탑에는 마땅히 온갖 꽃과 향과 영락과 비단으로 된 일산과 당기와 번기와 음악과 노래로 공양하고 공경하며 존중하고 찬탄해야 하느니라. 만일 어떤 사람이 이 탑을 보고 예배하고 공양한다면 마땅히 알라. 이들은 모두 아뇩다라삼먁삼보리에 가까워진 것이니라.

약왕이여, 많은 사람들이 집에 있거나 출가하였거나, 보살도를 수행하면서 만일 능히 이 묘법화경을 보고 듣고 읽고 외우고 쓰고 지니고 공양하지 않는다면 마땅히 알라. 이 사람은 보살도를 잘 행하지 못하는 것이요, 이 경전을 들은 이라야 능히 보살의 도를 잘 행하는 것이니라. 어떤 중생으로서 불도를 구하는 자가 이 묘법화경을 보거나 듣고, 들은 뒤에 믿고 이해하여 받아 지닌다면 마땅히 알라. 이 사람은 아뇩다라삼먁삼보리에 가까워진 것이니라.

약왕이여, 비유하면 어떤 사람이 목이 말라 물을 구하려고 저 높은 언덕에 구멍을 파려는데 마른 흙이 나오면 물이 아직 멀리 있다는 것을 알게 되어 공들여 멈추지 않다가, 젖은 흙을 보게 되고 점점 더 파서 마침내 진흙이 나오게 되면, 그의 생각에 반드시 물이 가까이 있다는 것을 분명하게 알게 되는 것과 같느니라.

보살도 또한 이와 같아서 만일 이 묘법화경을 듣지도 못하고 이해하지도 못하며 능히 닦아 익히지 못한다면 마땅히 알라. 이 사람은 아뇩다라삼먁삼보리에 가는 것이 아직도 멀었느니라. 만일 듣고 이해하여 생각하고 닦아 익힌다면 반드시 아뇩다라삼먁삼보리에 가까워졌음을 알지니라. 왜냐하면 모든 보살의 아뇩다라삼먁삼보리는 모두 이 경전에 속하여 있기 때문이니라. 이 경전은 방편의 문을 열어 진실한 모습을 보이느니라. 이 묘법화경의 가르침은 깊고 견고하며 그윽하고 멀어서 능히 다다를 수 있는 사람이 없거늘, 이제 부처님께서 보살들을 교화하여 성취시키려고 열어 보이시는 것이니라.

약왕이여, 만일 어떤 보살이 이 묘법화경을 듣고 놀라서 의심하고 두려워한다면 마땅히 알라. 이 사람은 새로 발심한 보살이니라. 만일 성문이 이 경전을 듣고 놀라서 의심하고 두려워한다면 마땅히 알라. 이 사람은 잘난 체하는 증상만인이니라.

약왕이여, 만일 선남자 선여인이 여래께서 열반한 뒤에 사부대중을 위하여 이 묘법화경을 설하고자 한다면 어떻게 설해야 하겠는가. 이 선남자 선여인은 여래의 방에 들어가서 여래의 옷을 입고 여래의 자리에 앉아서 마땅히 사부대중을 위하여 이 경전을 널리 설해야 하느니라. 여래의 방이란 모든 중생에 대한 대자대비한 마음이요, 여래의 옷이란 부드럽고 온화하며 인욕하는 마음이요, 여래의 자리란 모든 법이 공이라는 것이니, 이 가운데 편안히 머물러 있으면서도 게으르지 않은 마음으로 모든 보살과 사부대중을 위하여 이 묘법화경을 널리 설하여야 하느니라.

약왕이여, 내가 다른 나라에서 변화된 사람을 보내어 그를 위하여 법을 듣는 대중을 모이게 하리라. 또한 변화된 비구, 비구니, 우바새, 우바이를 보내어 그의 설법을 듣게 할 것이니라. 이 모든 변화된 사람들은 법을 듣고 믿으며 받아 잘 따르며 거스르지 않으리라. 만일 법을 설하는 사람이 고요하고 한적한 곳에 있으면 내가 그때 천신, 용왕, 귀신, 건달바, 아수라 등을 두루 보내어 그의 법문을 듣게 하리라. 내가 비록 다른 나라에 있을지라도 때때로 법을 설하는 사람으로 하여금 나의 몸을 보게 할 것이며, 만일 이 경전의 구절을 잊어버리면 내가 다시 설하여 분명히 알게 하리라.”

제11 견보탑품

그때에 부처님 앞에 높이가 오백 유순이고 가로
세로가 이백오십 유순인 칠보탑이 땅에서 솟아올
라 허공에 머물러 있었습니다. 그 탑은 갖가지 보
물로 장식되어 있으며 오천의 난간과 천만 개의
감실과 무수한 당기와 번기로 장엄되었고 보배영
락을 드리웠으며, 만 억의 보배방울이 그 위에 달
려 있었습니다. 사면에서는 모두 다마라발전단의
향기가 나서 세계에 가득하였고, 그 모든 번기와
일산들은 금, 은, 유리, 자거, 마노, 진주, 매괴 등의 칠보로 이루어졌으며, 높이가 사천왕의 궁전까지 이르렀습니다. 삼십삼천의 하늘은 만다라 꽃을 비내려 보탑에 공양하였고 나머지 모든 천신, 용, 야차, 건달바, 아수라, 가루라, 긴나라, 마후라가, 사람과 사람 아닌 이들 천만 억 대중은 모든 꽃과 향과 영락과 번기와 일산과 음악으로 보배탑에 공양하고 공경하며 존중하고 찬탄하였습니다.

그때에 보배탑 속에서 큰 음성이 울려 나와 찬탄하였습니다.

"거룩하시고 거룩하십니다. 석가모니세존이시여! 능히 평등하고 큰 지혜로 보살을 가르치는 법이며, 부처님께서 보호하시고 생각하시는 묘법화경을 대중에게 설하시니 그렇습니다, 그렇습니다. 석가모니세존께서 말씀하시는 것은 모두 진실합니다."

그때에 사부대중은 큰 보배탑이 허공에 머물러

있는 것을 보았으며 또한 탑 속에서 나오는 음성을 듣고 모두 법의 기쁨을 얻었으나 일찍이 없었던 일이라 의아스럽게 여기며 자리에서 일어나 공경하며 합장하고 한쪽으로 물러나 있었습니다.

그때에 한 보살마하살이 있었으니 이름이 대요설이라, 모든 세간의 천신과 인간과 아수라들이 마음에 의심하는 것을 알고 부처님께 말씀드렸습니다.

"세존이시여, 무슨 인연으로 이 보배탑이 땅에서 솟아올랐으며 또 그 속에서 이러한 음성이 나오는 것입니까?"

그때에 부처님께서 대요설보살에게 말씀하셨습니다.

"이 보배탑 속에는 여래의 전신이 계시니라. 지나간 옛적에 동방으로 한량없는 천만 억 아승지 세계를 지나서 나라가 있었으니 이름이 보정이요, 그 나라에 부처님이 계셨으니 이름이 다보이시니라. 그 부처님께서 보살도를 행하실 때 크게 서원을 세우시기를 '만일 내가 부처가 되어 열반한 뒤에 시방의 국토 중에 묘법화경을 설하는 곳이 있으면 나의 탑이 이 경전을 듣기 위하여 그 앞에 솟아올라 증명하고, 거룩하시다고 찬탄하리라.' 하셨느니라.

그 부처님께서 도를 이루신 뒤 열반하실 때 천신과 인간 대중 가운데서 비구들에게 이렇게 말씀하시길 '내가 열반한 뒤에 나의 전신에 공양하고자 하는 이는 마땅히 하나의 큰 탑을 세워라.' 하셨느니라. 그 부처님께서는 신통과 원력으로 시방세계의 곳곳에 계시다가 묘법화경을 설하는 이가 있으면, 그 보배탑이 모두 그 앞에 솟아오르고 전신이 그 탑 속에 계시어서 '거룩하시고 거룩하십니다.'

라고 찬탄하느니라.

　대요설이여, 지금 다보여래의 탑이 묘법화경을 설하는 것을 들으려고 땅에서 솟아 올라와 '거룩하시고 거룩하십니다.'라고 찬탄하는 것이니라."

　이때 대요설보살이 여래의 위신력을 입고 부처님께 말씀드렸습니다.

　"세존이시여, 저희들은 이 부처님의 모습을 뵙기를 원하나이다."

　부처님께서 대요설보살마하살에게 말씀하셨습니다.

　"이 다보부처님께서는 깊고도 중대한 서원이 있었으니, '만일 나의 보배탑이 묘법화경을 듣기 위하여 모든 부처님 앞에 나올 때 나의 몸을 사부대중이 보려고 하면, 저 부처님의 분신으로서 시방세계에서 설법을 하고 계시는 부처님들을 모두 한곳에 모은 다음에야 내 몸을 나타내리라.'라고 하였느니라. 대요설이여, 나의 분신 부처님들로서 시방 세계에 법을 설하고 있는 분들을 이제 응당 모이게 하리라."

대요설이 부처님께 여쭈었습니다.

"세존이시여, 저희 또한 세존의 분신 부처님들을 친견하고 예배하며 공양하고 싶습니다."

그때에 부처님께서 백호로부터 한줄기 광명을 놓으시니 곧 동방의 오백만 억 나유타 항하사 같은 국토의 모든 부처님을 보게 되었습니다. 그 여러 국토들은 모두 파려로 땅이 되었고, 보배나무와 보배옷으로 장엄하였으며, 무수한 천만 억 보살들이 그 가운데 가득하였습니다. 그리고 보배장막을 두르고 보배그물을 위에 덮었습니다.

그 나라의 부처님들께서 크고 미묘한 음성으로 법을 설하였고, 또 한량없는 천만 억 보살들이 여러 나라에 가득하여 중생을 위해 법을 설하는 것을 보게 되었습니다. 남방, 서방, 북방과 네 간방과 상방, 하방에도 백호상의 광명이 비치는 곳이면 또한 모두 이와 같았습니다.

그때에 시방의 여러 부처님께서 각각 모든 보살들에게 말씀하셨습니다.

"선남자들이여, 나는 이제 마땅히 사바세계의 석가모니부처님 계신 곳으로 갈 것이며, 아울러 다보여래의 보배탑에 공양하리라."

이때 사바세계가 곧 청정하게 변하여 유리로 땅이 되고 보배나무로 장엄하며 황금으로 줄을 만들어 여덟 길에 경계를 쳤습니다. 모든 취락과 마을과 성읍과 큰 바다와 강과 하천과 산과 내와 숲이 없어지고, 큰 보배향을 피우며, 만다라 꽃이 그 땅에 두루 깔리고, 보배로 된 그물과 장막이 그 위에 덮이고, 보배풍경들이 달렸습니다. 오직 이 법회의 대중만 남겨두고 천신들과 인간들을 옮겨서 다른 국토로 보내었습니다.

이때 모든 부처님께서 각각 한 큰 보살을 시자로 거느리고 사바세계에 오시어 각각 보배나무 아래에 이르렀습니다. 하나하나의 보배나무는 높이가 오백 유순이요, 가지와 잎과 꽃과 열매가 차례로 장엄되었습니다. 모든 보배나무 아래는 사자좌가 놓였으니 높이가 오 유순이며 큰 보배로 꾸며져 있었습니다. 그때에 모든 부처님께서 각각 이 자리에 결가부좌하고 앉으시니, 이와 같이 점점 삼천대천세계에 가득 찼으나 석가모니부처님의 한쪽 방위의 분신 부처님은 오히려 다 앉으시지 못하였습니다.

이때 석가모니부처님께서 분신 부처님들을 수

용하시려고 팔방으로 각각 이백만 억 나유타 나라를 다시 변화시켜 모두 청정하게 하시니, 지옥과 아귀와 축생과 아수라가 없어졌으며 또한 천신과 인간들을 옮겨서 다른 국토로 보내었습니다. 그 변화된 나라는 역시 유리로 땅이 되고 보배나무로 장엄하였으며, 나무의 높이가 오백 유순이요, 가지와 잎과 꽃과 열매로 차례차례 장엄하였습니다. 나무 아래에는 모두 보배로 된 사자좌가 놓여 있으니 높이가 오 유순이요, 갖가지 보물들로 꾸몄습니다.

또한 큰 바다와 강, 목진린타산과 마하목진린타산, 철위산과 대철위산, 수미산 등의 여러 큰 산들이 없이 하나의 불국토로 통일되었으며, 보배로 된 땅이 평평하고 반듯하여 보배로 짠 휘장을 위에 두루 덮었고, 모든 번기와 일산을 달았으며, 큰 보배향을 사르고 모든 하늘의 보배꽃들을 그 땅에 두루 깔았습니다.

석가모니부처님께서 여러 부처님들을 마땅히 와서 앉게 하시려고 다시 팔방으로 각각 이백만억 나유타 나라를 다시 변화시켜 모두 청정하게 하시니, 지옥과 아귀와 축생과 아수라가 없어졌으며 또한 천신과 인간들을 옮겨서 다른 국토로 보내었습니다. 그 변화된 나라 역시 유리로 땅이 되고 보배나무로 장엄하며, 나무의 높이가 오백 유순이요, 가지와 잎과 꽃과 열매로 차례차례 장엄하였습니다. 나무 아래에는 모두 보배로 된 사자좌가 놓여 있으니 높이가 오 유순이요, 갖가지 보물들로 꾸며졌습니다.

또한 큰 바다와 강, 목진린타산과 마하목진린타산, 철위산과 대철위산, 수미산 등의 여러 큰 산들이 없이 하나의 불국토로 통일되었으며, 보배로 된 땅이 평평하고 반듯하여 보배로 짠 휘장을 위에 두루 덮었고, 모든 번기와 일산을 달았으며, 큰 보배향을 사르고 모든 하늘의 보배꽃들을 그 땅에 두루 깔았습니다.

그때에 동방의 석가모니부처님의 분신으로 백천만 억 나유타 항하사 같은 국토에서 설법하시던 부처님들께서 이곳으로 모이셨습니다. 이와 같이 차례로 시방의 모든 부처님께서 다 모여와서 팔방에 앉으시니, 이때 방위마다 사만 억 나유타 국토에 부처님 여래들께서 두루 가득하였습니다.

이때 부처님들께서 각각 보배나무 아래 사자좌에 앉으셔서 모두 시자를 보내어 석가모니부처님께 문안드리려고 각각 보배꽃을 가득 가지고 가게 하시며 말씀하였습니다.

"선남자여, 그대는 기사굴산 석가모니부처님 계신 곳으로 가서 내가 말한 대로 하여라. '작은 병도 없으시고 작은 번거로움도 없으시며 기력이 좋으시고 보살과 성문들도 모두 편안하신지요?' 하고 이 보배꽃으로 부처님께 흩어 공양하며 '저 아무개 부처님께서도 이 보배탑을 열어주시길 바라옵니다.'라고 말씀드려라." 모든 부처님들께서 시자를 보냄도 또한 이와 같았습니다.

그때에 석가모니부처님께서는 분신 부처님들께서 모두 모여와서 각각 사자좌에 앉아 계시는 것을 보시고, 또 부처님들께서 다 함께 보배탑을 열고자 하는 것을 듣고는 곧 자리에서 일어나 허공에 머무시었습니다. 이에 모든 사부대중이 일어나 합장하고 일심으로 부처님을 우러러 보았습니다.

이때 석가모니부처님께서 오른 손가락으로 칠보탑의 문을 여시니, 큰 소리가 나는 것이 마치 잠겨있던 자물쇠가 풀리어 커다란 성문을 여는 것과 같았습니다. 그러자 즉시 모인 대중이 다보여래를 보니 보배탑 안에서 사자좌에 앉으시어 전신이 흐트러지지 않은 것이 선정에 드신 듯하였고 또 그의 말씀도 들었습니다.

"거룩하시고 거룩하십니다. 석가모니부처님께서 이 묘법화경을 잘 설하시므로 저는 이 경전을 듣기 위해 여기에 왔습니다."

그때에 사부대중은 과거 한량없는 천만 억 겁 전에 열반하신 부처님께서 이와 같이 말씀하시는 것을 듣고 일찍이 없었던 일이라 찬탄하며, 하늘의 보배꽃 더미를 다보부처님과 석가모니부처님 위에 흩었습니다.

그때에 다보부처님께서 그 보배탑 속의 자리의 반을 나누어 석가모니부처님께 권하시며 이렇게 말씀하셨습니다.

"석가모니부처님이시여, 이 자리에 앉으십시

오."라고 하시니, 곧 석가모니부처님께서 탑 안으로 들어가셔서 그 반으로 나누어진 자리에 결가부좌하고 앉으셨습니다.

그때에 대중은 두 분 여래께서 칠보탑 속의 사자좌에 결가부좌하고 계시는 것을 보고 저마다 이렇게 생각하였습니다. '부처님의 자리는 높고 멀기만 하니, 오직 원하옵건대 여래께서는 신통력으로 저희들도 함께 허공에 있게 하여 주시옵소서.'

그러자 석가모니부처님께서 신통력으로 대중을 이끌어 모두 허공에 머물게 하시고, 큰 음성으로 사부대중에게 널리 말씀하셨습니다.

"누가 능히 이 사바세계에서 묘법화경을 널리 설하겠는가. 지금이 바로 그때이니라. 여래는 오래지 않아 열반에 들 것이니라. 그래서 부처님께서 이 묘법화경을 부촉하여 두고자 하느니라."

제12 제바달다품

그때에 부처님께서 보살들과 천신과 인간과 사부대중에게 말씀하셨습니다.

"나는 과거 한량없는 겁 동안 묘법화경을 구하는데 게으르지 않았으며, 여러 겁 동안 항상 국왕이 되어 위없는 깨달음을 발원하고 마음이 물러남이 없었느니라. 육바라밀을 만족하고자 부지런히 보시를 행하되 인색한 마음이 없었으며, 코끼리, 말, 칠보, 국토, 처자, 노비, 시종, 머리, 눈, 골수, 몸, 살, 손, 발과 목숨을 아끼지 아니하였느니라.

그때에 세상 사람들의 수명은 한량이 없었지만, 법을 위하여 국왕의 지위를 버리고 태자에게 정사를 맡기고 북을 쳐서 명령을 내려 사방으로 법을 구하며 '누가 능히 나를 위하여 대승을 설해주겠는가, 나는 마땅히 목숨이 다할 때까지 받들어 모시어 시중들리라.' 하였느니라.

　이때 어떤 선인이 와서 왕에게 말하기를 '나에게 대승이 있으니, 이름이 묘법화경이라. 만일 나의 뜻을 어기지 않는다면 마땅히 설해주리라.' 하였느니라. 왕은 선인의 말을 듣고 뛸 듯이 기뻐하며 곧 따라가서 필요한 것을 구해 드리기를, 과일을 따고 물을 긷고 땔나무를 하고 음식을 장만하여 나아가 몸으로 앉을 자리가 되어주었으며, 몸과 마음이 게으르지 아니하였느니라. 그렇게 받들어 섬기기를 천 년이 지나도록 법을 위하여 부지런히 모셔서 부족함이 없게 하였느니라."

부처님께서 비구들에게 말씀하셨습니다.

"그때의 왕은 바로 나의 이 몸이요, 그때의 선인은 지금의 제바달다이니라. 제바달다 선지식으로 말미암아 내가 육바라밀과 자·비·희·사와 삼십이상과 팔십종호와 자마금색의 몸과 십력과 사무소외와 사십법과 십팔불공법과 신통과 도력을 갖추게 되어서 등정각을 이루어 널리 중생을 제도하였으니, 모두 제바달다 선지식의 인연 덕분이니라."

모든 사부대중에게 이르노니, "제바달다는 이후 한량없는 겁을 지나서 반드시 성불하리니, 이름이 천왕여래, 응공, 정변지, 명행족, 선서, 세간해, 무상사, 조어장부, 천인사, 불세존이요, 그 세계의 이름은 천도이니라. 이때 천왕부처님께서 세상에 머물기는 이십 중겁이니 널리 중생을 위하여 묘한 법을 설하리라. 항하사 중생은 아라한과를 얻고, 한량없는 중생은 연각의 마음을 내고, 항하사 중생

은 위없는 도의 마음을 내어 깨달음을 얻고 물러
나지 않는 경지에 이르리라.

이때 천왕부처님께서 열반에 드신 뒤에 정법이
세상에 머물기는 이십 중겁이라. 전신 사리로 칠보
탑을 세우되 높이는 육십 유순이요, 가로와 세로는
사십 유순이니라. 모든 천신과 사람들이 모두 여러
가지 꽃과 가루향, 사르는 향, 바르는 향과 의복과
영락과 당기와 번기와 보배일산과 음악과 노래로
칠보 묘탑에 예배하고 공양하리라. 한량없는 중생
이 아라한과를 얻고 한량없는 중생이 벽지불을 깨
달으며, 불가사의한 중생이 보리심을 내어 물러나
지 않는 경지에 이르리라.”

부처님께서 모든 비구들에게 말씀하셨습니다.
“오는 세상에 만일 선남자 선여인이 묘법화경
의 제바달다품을 듣고 청정한 마음으로 믿고 공경

하며 의심하지 않는다면 지옥이나 아귀나 축생에 떨어지지 아니하고, 시방의 부처님 전에 나게 되며 나는 곳마다 항상 이 경전을 들을 것이니라. 만일 인간이나 천상에 태어나면 훌륭하고 묘한 즐거움을 받을 것이며, 만일 부처님 앞에 있게 되면 연꽃으로 화생할 것이니라."

이때 하방에서 다보세존을 따라온 보살이 있었으니 이름이 지적이라, 다보부처님께 아뢰고 마땅히 본국으로 돌아가려 하니, 석가모니부처님께서 지적보살에게 말씀하시길 "선남자여, 잠시만 기다려라. 여기 보살이 있으니 이름이 문수사리라, 서로 만나 묘한 법에 대하여 논의하고 본국으로 돌아가거라."

그때에 문수사리는 큰 수레바퀴만한 천 개의 잎이 있는 연꽃 위에 앉았고 함께 오는 보살들도 모두 보배연꽃 위에 앉았는데, 큰 바다의 사갈라 용궁으로부터 저절로 솟아오르더니 허공에 머물러서 영축산에 이르렀습니다. 연꽃에서 내려와 부처님 계신 곳으로 가서 머리 숙여 두 분 세존의 발에 예경하였습니다. 예경을 마치고 지적의 처소로 가서 서로 문안하고 한쪽으로 물러나 앉으니, 지적보살이 문수사리에게 물었습니다.

"보살님께서 용궁에 가시어 교화한 중생의 수가 얼마나 됩니까?"

문수사리가 말하길 "그 수는 한량없고 측량할 수 없습니다. 입으로 말할 수 없으며, 마음으로도 헤아릴 수 없습니다. 잠시만 기다리시면 마땅히 저절로 증명되어 알게 될 것입니다."

말이 끝나기도 전에 무수한 보살들이 보배연꽃에 앉아서 바다로부터 솟아올라 영축산에 나아가 허공에 머물렀습니다. 이 모든 보살들은 다 문수

사리가 교화하여 제도한 이들이었는데 보살행을
갖추어 모두 함께 육바라밀을 논의하며, 본래 성
문이었던 사람들은 허공에서 성문행을 설하다가
지금은 모두 대승의 공한 이치를 수행하는 이들
입니다.

문수사리가 지적에게 말하였습니다.

"바다에서 교화한 일이 이와 같습니다."

그때에 지적보살이 게송으로 찬탄하였습니다.

큰지혜와 굳센용맹 무량중생 교화한일

지금여기 모인대중 우리모두 보았나니

실상의뜻 연설하고 일승법을 열어보여

여러중생 인도하여 깨달음을 이루도다

문수사리가 말하였습니다.

"저는 바다속에서 오직 항상 묘법화경만을 설하

였습니다."

지적이 문수사리에게 물었습니다.

"이 경전은 매우 깊고 미묘하여 모든 경전 중의 보배이며, 세상에서 희유한 것입니다. 만일 어떤 중생이 부지런히 정진하여 이 경전으로 수행하면 속히 부처님이 될 수 있습니까?"

문수보살이 말하였습니다.

"사갈라 용왕에게 딸이 있으니 나이가 이제 여덟 살이라, 지혜롭고 근기가 뛰어나서 중생의 모든 근기와 행하는 업을 잘 알고 있습니다. 다라니를 얻어서 모든 부처님께서 설하신 매우 깊고 비밀스런 법장을 모두 능히 받아 지녔으며, 깊은 선정에 들어 모든 법을 깨달았고 잠깐 사이에 보리심을 내어 불퇴전의 경지를 얻었습니다. 변재가 걸림이 없고, 중생을 자비롭게 생각하기를 갓난아기같이 여기며, 공덕을 갖추어서 마음으로 생각하고 입으로 연설하는 것이 미묘하고 광대합니다. 자비롭고 어질고 겸손하며, 의지가 바르고 부드러워 능히 깨달음에 이르렀습니다."

지적보살이 말하였습니다.

"제가 보니 석가여래께서 한량없는 겁 동안 어려운 고행을 하시고 공덕을 쌓아 보리도를 구하기를 잠시도 쉬지 아니하셨습니다. 삼천대천세계를 살펴보되, 겨자씨만한 곳이라도 이 보살이 중생을 위하여 신명을 버리지 않은 곳이 없었습니다. 그런 후에야 보리도를 이루셨는데, 이 여인이 잠깐 사이에 문득 정각을 이룬다는 말은 믿을 수가 없습니다."

말이 끝나기도 전에 용왕의 딸이 홀연히 앞에 나타나 머리를 숙여 예경하고 한쪽으로 물러가 앉아서 게송으로 찬탄하였습니다.

죄와복을 통달하고 시방세계 두루비춰

미묘하온 청정법신 삼십이상 갖추었네

삼십이상 팔십종호 좋은모양 갖추시고

그법신을 장엄하니 하늘인간 우러르며

용과귀신 공경하네 모든중생 무리들이

정성으로 받드나니 깨달음을 이루는일

부처님만 아시리라 대승교법 설하여서

고통중생 제도하리

이때 사리불이 용녀에게 말하였습니다.

"그대가 오래지 않아 위없는 도를 얻었다 하니, 이 일은 믿기가 어렵구나. 왜냐하면 여인의 몸은 때묻고 더러워 법의 그릇이 아니기 때문이니라. 그런데 어떻게 능히 위없는 깨달음을 얻겠느냐. 부처님이 되는 길은 아득히 멀어서 한량없는 겁을 지나도록 부지런히 고행을 쌓고 모든 바라밀을 갖추어 닦은 뒤에야 이룰 수 있는 것이니라.

또 여인의 몸에는 다섯 가지 장애가 있는데 첫째는 범천왕이요, 둘째는 제석이요, 셋째는 마왕이요, 넷째는 전륜성왕이요, 다섯째는 부처님의 몸이 될 수 없음이니, 어떻게 여인의 몸으로 속히 성불할 수 있겠느냐?"

그때에 용녀에게 가치가 삼천대천세계나 되는 보배구슬이 하나 있었으니, 그것을 가져다가 부처님께 올리니 부처님께서 이내 받으셨습니다.

용녀가 지적보살과 사리불존자에게 말하였습니다.

"제가 보배구슬을 받들어 올리자 세존께서 받으셨거늘, 이 일이 빠르지 않습니까?"

대답하길 "매우 빠르도다."

용녀가 말하였습니다.

"여러분의 신통력으로 제가 성불하는 것을 보십

시오. 이보다 더 빠를 것입니다."

당시 모인 대중들이 모두 용녀를 바라보니 잠깐 사이에 남자로 변하여 보살행을 갖추고 곧 남방의 무구세계로 가서 보배연꽃에 앉아 등정각을 이루었으며, 삼십이상과 팔십종호를 갖추고 널리 시방세계의 모든 중생을 위하여 미묘한 법을 연설하였습니다.

그때에 사바세계의 보살과 성문과 천룡팔부와 사람과 사람 아닌 이들이 모두 그 용녀가 성불하여 널리 그때 모인 사람과 천신을 위하여 법을 설하는 것을 멀리서 보고, 마음이 크게 환희하여 모두들 멀리서 예경하였습니다. 한량없는 중생은 법을 듣고 이해하고 깨달아서 불퇴전의 경지를 얻었으며, 한량없는 중생은 깨달음의 수기를 받았습니다. 무구세계는 여섯 가지로 진동하고, 사바세계의 삼천 중생은 불퇴전의 경지에 머무르고, 삼천 중생은 보리심을 내어 수기를 받으니, 지적보살과 사리불과 모든 대중은 묵묵히 믿고 받아들였습니다.

제13 권지품

그때에 약왕보살마하살과 대요설보살마하살이 이만 보살 권속들과 함께 모두 부처님 앞에서 이렇게 서원하였습니다.

"오직 원하옵건대 세존이시여, 염려하지 마소서. 저희들이 부처님께서 열반하신 뒤에 반드시 이 경전을 받들어 지니고 읽고 외우며 설하겠습니다. 후에 악한 세상의 중생이 선근은 적어지고, 잘난 체 하는 이가 많으며, 이익있는 공양을 탐내고, 착하지 못한 뿌리를 증장시키며, 해탈을 멀리 여의게 되어서, 비록 교화하기는 어려우나 저희들이 마땅히 크게 참는 힘을 일으켜 이 경전을 읽고 외우고 지니고 설하고 옮겨쓰고 갖가지로 공양하는데 목숨을 아끼지 않겠습니다.”

그때에 대중 가운데 수기를 받은 오백 아라한들이 부처님께 말씀드렸습니다.

“세존이시여, 저희들 또한 스스로 서원하기를 다른 국토에서 이 경전을 널리 설하겠습니다.”

또 수기를 받은 배우는 이와 다 배운 이들 팔천 사람도 자리에서 일어나 부처님을 향해 합장하고 이렇게 서원하였습니다.

“세존이시여, 저희들 역시 마땅히 다른 국토에서 이 경전을 널리 설하겠습니다. 왜냐하면 이 사바세계에는 나쁘고 악한 사람과 잘난 체 하는 마음을 품으며 공덕이 얕아 화를 잘 내며 마음이 흐리고 아첨하는 사람 등 마음이 진실하지 못한 사람이 많기 때문입니다."

　그때에 부처님의 이모인 마하파사파제 비구니
와 배우는 이와 다 배운 이들 육천 비구니와 함께
자리에서 일어나 일심으로 합장하고 부처님을 우
러러보며 눈을 잠시도 깜빡이지 아니하였습니다.
　이때 세존께서 교담미에게 말씀하셨습니다.
　"무슨 까닭으로 근심하는 얼굴로 여래를 보느
냐. 그대의 생각에 장차 내가 그대의 이름을 불러
아뇩다라삼먁삼보리의 수기를 준다고 말하지 않
을까 걱정하는가.
　교담미여, 내가 먼저 일체 성문들에게 모두 이
미 수기를 설해주었느니라. 지금 그대가 수기를 알
고자 하거든, 장차 오는 세상에 마땅히 육만 팔천
억 부처님의 법 가운데서 큰 법사가 되리라. 그리
고 여기 배우는 이와 다 배운 이들 육천 비구니들

도 함께 법사가 될 것이니라. 그대는 이와 같이 점점 보살도를 구족하여 반드시 부처님이 되리니, 이름은 일체중생희견여래, 응공, 정변지, 명행족, 선서, 세간해, 무상사, 조어장부, 천인사, 불세존이라 하느니라. 교담미여, 이 일체중생희견부처님과 육천의 보살들도 차례로 수기를 주어 아뇩다라삼먁삼보리를 얻을 것이니라."

그때에 라후라의 어머니인 야수다라 비구니는 이런 생각을 하였습니다. '세존께서 수기를 주시는 가운데 홀로 내 이름만 말씀하지 않으시는구나.'
부처님께서 야수다라에게 말씀하셨습니다.
"그대는 오는 세상에 백천만 억 부처님의 법 가운데서 보살행을 닦아 큰 법사가 되고 점차 불도를 갖추어 훌륭한 국토에서 반드시 부처님이 되리니, 이름은 구족천만광상여래, 응공, 정변지, 명행족, 선서, 세간해, 무상사, 조어장부, 천인사, 불세존이라 하리라. 부처님의 수명은 한량없는 아승지겁이니라."

그때에 마하파사파제 비구니와 야수다라 비구니는 그들의 권속들과 함께 모두 크게 기뻐하며 일찍이 없던 일을 얻고는 곧 부처님 앞에서 게송으로 말하였습니다.

대도사인 세존께서 천신인간 편케하니
저희들도 수기들고 편한마음 구족하네

비구니들이 이 게송을 설해 마치고 부처님께 말씀드렸습니다.

"세존이시여, 저희들도 다른 국토에서 이 경전을 널리 설하겠습니다."

그때에 세존께서 팔십만 억 나유타의 보살마하

살들을 보셨습니다. 이 보살들은 모두 아비발치로
서 물러나지 않는 법륜을 굴리며 모든 다라니를
얻었습니다. 곧 자리에서 일어나 부처님 앞에 이르
러 일심으로 합장하고 이렇게 생각하였습니다. '만
일 세존께서 우리들에게 이 경전을 지니고 설하라
고 분부하신다면 마땅히 부처님의 가르침대로 이
법을 널리 펴리라.'

　다시 이런 생각을 하였습니다. '부처님께서 지
금 묵연하시어 분부가 없으시니, 우리들은 마땅히
어찌해야 하는가.' 하였습니다.

　이때 모든 보살들이 부처님 뜻을 공경히 따르고
아울러 자신들의 본래의 서원을 만족하려고 곧 부
처님 앞에서 사자후로 서원을 말하였습니다.

　"세존이시여, 저희들도 여래께서 열반하신 뒤에
시방세계를 두루 돌아다니면서 능히 중생으로 하
여금 이 경전을 옮겨쓰고, 받아 지니고, 읽고 외우

며, 그 뜻을 해설하고 법과 같이 수행하여 바르게
기억하리니 이것은 모두 부처님의 위신력입니다.
바라옵건대 세존께서는 다른 나라에 계실지라도
멀리서 지켜봐 주시고 보호하여 주시옵소서.”

즉시 보살들이 다함께 소리내어 게송으로 말하
였습니다.

너무염려 마옵소서 부처님이 열반한뒤
두렵고도 악한세상 저희들이 설하리니
지혜없는 사람들은 악한말로 욕을하고
칼막대로 때리어도 저희들은 참으오리
오탁악세 비구들은 삿된지혜 마음굽어
못얻고도 얻었다고 아만심이 가득하네
아란야에 있으면서 누더기옷 걸쳐입고
참된도를 닦는다며 다른이를 멸시하며
이익에만 탐착하고 속인에게 설법하되

세상에서 공경받길 육신통의 나한같네
이사람은 마음악해 세속일만 생각하고
아란야의 이름빌어 우리허물 들춰내어
좋아하며 말하기를 여기있는 모든비구
이익만을 탐내어서 외도학설 말을하고
제스스로 경전지어 세상사람 현혹하며
이름명예 구하려고 이경전을 분별하네

대중속에 있으면서 우리들을 훼방코저
나라왕과 대신들과 바라문과 거사들과
비구들을 향하여서 삿된소견 가진사람
외도학설 설한다고 우리허물 비방해도
부처님을 공경하는 저희들은 모두참고
비웃으며 말하여도 그대들이 부처이다
빈정대며 말하여도 모두응당 참으리라
흐린겁의 악한세상 무서운일 허다하고

악한귀신 몸에들어 욕설하고 훼방해도
부처님을 믿는우리 인욕갑옷 입으오리
이경전을 설법하려 어려운일 참아내며
이내목숨 다하여서 위없는도 외호하고
오는세상 저희들은 부처위촉 호지하리
세존께서 아시리라 오탁악세 나쁜비구
근기따라 설법하는 부처방편 알지못해
악한말로 빈축하고 틈만나면 우리들을
사찰에서 추방해도 이와같이 나쁜일들
부처분부 생각하고 모두응당 참으리라
시골이든 도시이든 법구하는 자있으면
저희들이 찾아가서 부처님법 설하리라
우리들은 세존사자 대중속에 두렴없이
응당좋은 설법하니 부처님은 편하소서
제가이제 시방세계 부처님과 세존앞에
이와같이 맹세하니 저희마음 아옵소서

제14 안락행품

그때에 문수사리법왕자보살마하살이 부처님께 말씀드렸습니다.

"세존이시여, 이런 보살들은 악한 세상에 있기가 매우 어렵습니다. 이들은 부처님을 공경하고 따르는 까닭에 큰 서원을 일으켜 훗날 악한 세상에서 이 법화경을 보호하여 지니며 읽고 설하려 합니다. 세존이시여, 보살마하살이 훗날 악한 세상에서 어떻게 이 경전을 능히 설해야 하겠습니까?"

부처님께서 문수사리에게 말씀하셨습니다.

"만일 보살마하살이 훗날 악한 세상에서 이 경전을 설하려면 마땅히 네 가지 법에 편안히 머물러야 하느니라. 첫째는 보살의 행할 곳과 친근할 곳에 편안히 머물러야 능히 중생에게 이 경전을 연설할 수 있을 것이니라.

문수사리여, 무엇을 보살마하살의 행할 곳이라 하는가. 만일 보살마하살이 인욕의 경지에 머무르면서 부드럽고 온화하며 착하고 순하여 성급하거나 포악하지 않고, 마음으로 놀라지도 않으며 모든 법을 여실한 모습 그대로 관찰하되, 역시 행하지도 않고 분별하지도 않는다면 이것을 이름하여 보살마하살의 행할 곳이라 하느니라.

무엇을 이름하여 보살마하살의 친근할 곳이라 하는가. 보살마하살은 국왕이나 대신 혹은 관원들을 친근하지 말아야 하며 모든 외도인 범지와 니건자들과 세속의 문필과 외도의 서적을 찬탄하는 이들과 로가야타와 역로가야타들을 친근하지 말아야 하느니라. 또한 흉악한 놀이와 서로 때리거나 서로 겨루는 일과 갖가지 변덕스러운 짓을 하는 광대들을 친근하지 말아야 하느니라. 또한 백정과 돼지, 양, 닭, 개를 키우는 이와 사냥하고 물고기 잡는 등의 모든 나쁜 행위를 하는 이들을 친근하지 말아야 하느니라.

이와 같은 사람들이 혹시 오더라도 곧 법을 설해주되 바라는 바가 없어야 하느니라. 또 성문을 구하는 비구, 비구니, 우바새, 우바이를 친근하지 말고 또한 문안하지도 말아야 하며, 방이나 거니는 곳, 혹은 강당에 있게 되더라도 함께 머물러 있지 말아야 하느니라. 혹시 오더라도 근기에 맞게 법을 설하되 바라는 바가 없어야 하느니라.

문수사리여, 또 보살마하살은 응당 여인의 몸에

욕망을 내는 모습으로 법을 설하지 말아야 하고 보기를 좋아하지도 말아야 하며, 만일 남의 집에 들어가더라도 소녀, 처녀, 과부들과 더불어 말하지 말아야 하느니라. 또한 다섯 가지 남자답지 못한 사람을 가까이 하거나 깊이 친해지지 말아야 하며, 혼자서 남의 집에 들어가지 말아야 하느니라. 만일 인연이 있어서 혼자 들어가게 되면 오직 일심으로 부처님만을 생각해야 하느니라. 만일 여인에게 법을 설하게 되면 이를 드러내어 웃지도 말고 가슴을 드러내지도 말아야 하느니라. 나아가 법을 위해서라도 친하지 말아야 하거늘, 하물며 다른 일이야 말할 것이 있겠느냐.

나이 어린 제자나 사미나 어린아이 기르기를 좋아하지 말고 또한 스승과 더불어 함께 즐기지 말며, 항상 좌선을 좋아하여 한적한 곳에서 그 마음을 닦고 거두어야 하느니라. 문수사리여, 이것을 이름하여 첫째 친근할 곳이라 하느니라.

　또 보살마하살은 일체의 법이 공하여 실상과 같음을 관찰하여 뒤바뀌지도 않고 움직이지도 않으며, 물러나지도 않고 옮겨지지도 않으며, 마치 허공과 같아서 성품이 있는 것이 아니니라. 모든 언어의 길이 끊어져 생기지도 않고 나오지도 않으며, 일어나지도 않고 이름도 없고 모양도 없으며, 실제로 있는 것도 아니어서, 한량없고 가이없으며 걸림도 없고 막힘도 없느니라. 다만 인연으로 있는 것이며, 전도로부터 생기는 것이라 설하느니라. 항상 이러한 법의 모양을 즐겨 관찰하면 이것을 이름하여 보살마하살의 둘째 친근할 곳이라 하느니라."

　"또 문수사리여, 여래께서 열반한 뒤에 말법 중에서 이 경전을 설하고자 하면, 마땅히 안락행에 머물러야 하느니라. 만일 입으로 연설하거나 경전을 읽을 때 다른 사람이나 경전의 허물을 말하기를 좋아하지 말고, 또한 다른 법사들을 가벼이 여기거나 업신여기지도 말며, 타인의 좋고 나쁜 점을 말하지 말며, 성문에 대해서도 이름을 들어 그의 허물을 말하지 말고, 또한 이름을 들어 그의 좋은 점을 찬탄하지도 말며, 원망하거나 싫어하는 마음을 내지 말아야 하느니라. 이와 같이 안락한 마음을 잘 닦음으로써 모든 듣는 이들이 그의 뜻을 거스르지 않으며, 어려운 질문이 있으면 소승법으로 대답하지 말고 오로지 대승법으로 해설하여 일체종지를 얻게 할 것이니라."

"또 문수사리여, 보살마하살이 훗날 말세에 법이 없어지려 할 때 이 경전을 받아 지니고 읽고 외우는 사람은 질투하고 아첨하고 속이려는 마음을 내지 말아야 하느니라. 또한 불도를 배우는 이를 가벼이 여기거나 욕하면서 그의 장단점을 찾아내지 말아야 하느니라.

만일 비구, 비구니, 우바새, 우바이로서 성문을 구하는 사람, 벽지불을 구하는 사람, 보살도를 구하는 사람들을 괴롭게 하고 그들로 하여금 의심하고 후회하게 하여 그 사람들에게 '너희들은 도에 이르는 길이 매우 멀리 있으니 끝내 일체종지를 얻지 못하리라. 왜냐하면 그대들은 방일한 사람이며 도에 대하여 게으르기 때문이니라.'라고 하지 말아야 하느니라. 또 마땅히 모든 법을 희론하여 다투는 일이 없어야 하느니라.

마땅히 모든 중생에게 자비로운 생각을 내고, 모든 여래에게는 인자한 아버지라는 생각을 내며, 모든 보살들에게는 큰 스승이라는 생각을 내어야 하느니라. 시방의 모든 큰 보살들에게는 항상 깊은 마음으로 공경하고 예배하여야 하며, 모든 중생에게 평등하게 법을 설하되 법에 수순하여 많이 하지도 말고 적게 하지도 말아야 하며, 나아가 법을 깊이 사랑하는 사람에게라도 또한 많이 설하지 말아야 하느니라.

문수사리여, 이 보살마하살이 훗날 말세에 법이 없어지려 할 때 이 셋째 안락행을 성취한 사람은 이 법을 설할 때 괴롭거나 어지러운 것이 없으며, 좋은 동학을 만나서 함께 이 경전을 읽고 외우게 될 것이니라. 또한 대중들이 와서 들을 것이며, 듣고는 능히 지니고, 지니고는 능히 외우고, 외우고는 능히 설하고, 설하고는 능히 쓰며, 또 남을 시켜 쓰게 하여 경전을 공양하고 공경하며 존중하고 찬탄할 것이니라."

"또 문수사리여, 보살마하살이 훗날 말세에 법이 없어지려 할 때 이 법화경을 지니는 사람은 재가자나 출가한 사람에게 대자심을 내고, 보살이 아닌 사람에게는 대비심을 낼지니라. 또한 응당 이렇게 생각할지니 '이와 같은 사람들은 곧 크게 잃겠구나. 여래께서 방편으로 근기에 맞게 설하신 법을 듣지도 못하고 알지도 못하며, 깨닫지도 못하고 묻지도 않으며, 믿지도 않고 이해하지도 못하는구나. 이 사람은 비록 이 경전을 묻지도 않고 믿지도 않으며 이해하지 못하더라도, 내가 아뇩다라삼먁삼보리를 얻을 때에는 어느 곳이라도 따라가서 신통력과 지혜의 힘으로 인도하여 이 법 가운데 머무르게 하리라' 할 것이니라.

문수사리여, 이 보살마하살이 여래께서 열반한 뒤에 이 넷째 법을 성취하는 사람은 이 법을 설할 때에는 허물이 없을 것이니라. 항상 비구, 비구니, 우바새, 우바이와 국왕과 왕자와 대신과 백성과 바라문과 거사들이 공양하고 공경하며 존중하고 찬탄할 것이며, 허공의 모든 천신들이 법을 듣기 위하여 항상 따라다니며 모실 것이니라.

만일 마을이나 성읍이나 한적한 숲속에 있을 때 어떤 사람이 와서 어려운 질문을 하면 모든 천신들이 밤낮으로 항상 법을 위하여 호위하고, 능히 듣는 이로 하여금 모두 기쁘게 할 것이니라. 왜냐하면 이 경전은 모든 과거, 미래, 현재의 부처님들이 신통력으로 보호하시기 때문이니라. 문수사리여, 이 법화경은 한량없는 국토에서 심지어 이름조차 들을 수가 없거늘, 하물며 보고 받아 지니고 읽고 외우는 것이야 말할 것이 있겠느냐.

문수사리여, 비유하자면 힘센 전륜성왕이 위세로 여러 나라를 항복시키려 하는데, 모든 작은 왕들이 그 명령을 따르지 않으면, 전륜성왕이 온갖 군대를 일으켜 가서 토벌하느니라. 왕은 병사들 중에 전쟁에서 공을 세운 사람을 보고는 곧 크게 환희하여 공에 따라 상을 내리나니, 밭이나 집이나 마을이나 성읍을 주기도 하고, 혹은 의복과 장신구를 주기도 하며, 갖가지 보배인 금, 은, 유리, 자거, 마노, 산호, 호박과 코끼리와 말과 수레와 노비와 백성을 주기도 하지만, 오직 상투 속의 밝은 구슬만은 주지 않는 것과 같느니라.

왜냐하면, 오직 왕의 정수리에만 이 구슬이 하나 있기 때문이니라. 만일 이것을 주게 되면 왕의 모든 권속들이 반드시 크게 놀라고 괴이하게 여기리라. 문수사리여, 여래도 이와 같아서 선정과 지혜의 힘으로 법의 국토를 얻어 삼계의 왕이 되었으나, 마왕들이 기꺼이 따르고 항복하지 않으면 여래의 어질고 거룩한 모든 장수들이 함께 싸우되, 공이 있는 자가 있으면 마음으로 역시 환희하여 사부대중 가운데서 모든 경전을 설하여 그들의 마음을 기쁘게 하고, 선정과 해탈과 무루와 오근과 오력과 모든 법의 재물을 주느니라. 또다시 열반의 성을 주며 열반을 얻었다고 말하여 그들의 마음을 인도하며 모두를 기쁘게 하지만 이 법화경만은 설해주지 않느니라.

문수사리여, 마치 전륜성왕이 병사들 가운데서 큰 공을 세운 사람을 보고는 마음이 매우 기뻐서 이 믿기 어려운 구슬을 오랫동안 상투 속에 넣어 두고 함부로 사람들에게 주지 않다가 지금 비로소 상으로 주는 것과 같느니라.

여래도 또한 그와 같아서 삼계 가운데 대법왕이 되어 법으로 모든 중생을 교화하되, 어질고 훌륭한 군사들이 오음의 마구니와 번뇌의 마구니와 죽음의 마구니들과 함께 싸워서 큰 공을 세워 삼독을 소멸하고 삼계를 벗어나 마구니들의 그물을 깨뜨리는 것을 보시면, 그때에 여래께서도 크게 기뻐하시리라. 이 법화경이 능히 중생으로 하여금 일체지에 이르게 하지만, 모든 세간에서 원망이 많고 믿지 아니하여 이제껏 설하지 않았던 것을 이제야 설하시느니라.

문수사리여, 이 법화경은 모든 여래의 제일 훌륭한 말씀이라. 모든 말씀 가운데 가장 깊은 것으로 가장 마지막에 주는 것이니라. 마치 저 힘센 왕이 오랫동안 밝은 구슬을 간직하다가 지금에야 내어주는 것과 같느니라.

문수사리여, 이 법화경은 모든 부처님 여래의 비밀스런 법장이며, 모든 경전 가운데 가장 높은 것으로, 길고 긴 밤 동안 수호하여 망령되이 설하지 않다가 비로소 오늘에야 그대들에게 주어 널리 펴게 하느니라."

제15 종지용출품

그때에 다른 국토에서 온 팔 항하사 수보다 많은 보살마하살들이 대중 가운데서 일어나 합장하고 예배하며 부처님께 말씀드렸습니다.

"세존이시여, 만일 저희들이 부처님께서 열반하신 뒤에 이 사바세계에서 부지런히 정진하며 이 경전을 수호하여 지니고 읽고 외우며 옮겨쓰고 공양하는 것을 허락하신다면 마땅히 이 국토에서 널리 설하겠습니다."

그때에 부처님께서 보살마하살들에게 말씀하

셨습니다.

"그만두어라, 선남자들이여. 그대들은 이 경전을 수호하여 지닐 필요가 없느니라. 왜냐하면, 우리 사바세계에는 육만 항하사의 보살마하살들이 있고, 한 분 한 분의 보살들은 각각 육만 항하사의 권속들이 있느니라. 이 모든 사람들이 내가 열반한 후에 능히 이 경전을 수호하여 지니고 읽고 외우며 널리 설할 것이기 때문이다."

부처님께서 이렇게 말씀하실 때, 사바세계의 삼천대천세계 국토의 땅이 모두 진동하며 갈라지더니, 그 속에서 한량없는 천만 억 보살마하살들이 동시에 솟아 올라왔습니다. 이 보살들은 몸이 모두 금빛이요, 삼십이상이며, 한량없는 광명이었으니, 옛적부터 사바세계의 아래 허공에 머물러 있었습니다. 이 보살들은 석가모니부처님께서 설하시는 음성을 듣고 아래에서 올라온 것이었습니다.

한 분 한 분의 보살들은 모두 대중을 인도하는 지도자로서 각각 육만 항하사 권속들을 거느리고 있으며, 또한 오만, 사만, 삼만, 이만, 일만 항하사 권속들을 거느리고 있었습니다. 뿐만아니라 한 항하사의 권속, 반 항하사, 사분의 일과 또는 천만 억 나유타분의 일 항하사의 권속을 거느리고 있었습니다. 또는 천만 억 나유타의 권속과 또는 억만 권속과 또는 천만 백만에서 일만에 이르기까지의 권속과 또는 일천, 일백에서 열 명에 이르기까지의 권속과 또는 다섯, 넷, 셋, 둘, 한 명의 제자를 거느린 보살도 있었습니다. 또는 홀몸으로 멀리 여의는 수행을 좋아하는 이런 이들이 한량없고 가이없어 산수나 비유로는 능히 알 수 없었습니다.

이 모든 보살들이 땅으로부터 솟아 나와 각각 허공으로 나아가 칠보 묘탑에 계신 다보여래와 석가모니부처님 처소에 이르러 두 분 세존을 향하여 머리 숙여 발에 예배하였습니다. 그리고 모든 보배 나무 아래 사자좌에 계시는 부처님 처소에 이르러 모두에게 예배하고, 오른쪽으로 세 번 돌고 합장하고 공경하며, 모든 보살들의 갖가지 찬탄하는 법으로 찬탄하고 한쪽에 머물러서 기쁜 마음으로 두 분 세존을 우러러 보았습니다. 이 보살마하살들이 처음 솟아 나올 때부터 모든 보살의 갖가지 찬탄하는 법으로 부처님을 찬탄하니, 이러한 시간이 오십 소겁이나 걸렸습니다. 이때 석가모니부처님께서는 묵묵히 앉아 계셨습니다.

모든 사부대중도 역시 묵묵히 있으니, 부처님의 신통력으로 모든 대중이 오십 소겁을 반나절 같이 여기게 하였습니다. 그때에 사부대중 역시 부처님의 신통력으로 모든 보살이 한량없는 백천만 억 국토의 허공에 가득 찬 것을 볼 수 있었습니다.

이 보살대중 가운데 네 분의 도사가 있었으니, 첫째 이름은 상행이요, 둘째 이름은 무변행이요, 셋째 이름은 정행이요, 넷째 이름은 안립행이었습니다. 이 네 보살은 대중 속에서 가장 앞장서서 이끄는 스승으로 대중 앞에서 각각 다 같이 합장하고 석가모니부처님을 뵈옵고 문안드리며 말하였습니다.

"세존이시여, 조그마한 병도 없으시고 조그마한 번거로움도 없으시며 안락하게 지내십니까? 제도받을 이들은 가르침을 잘 받습니까? 세존을 피로하게 하지는 않습니까?"

그때에 세존께서 보살대중 가운데서 이렇게 말씀하셨습니다.

"그러하니라. 그러하니라. 선남자들이여, 여래는 편안하고 조그마한 병도 없고 조그마한 번거로움도 없으며, 중생도 교화하여 제도하기 쉬워 피로

하지 않느니라. 왜냐하면 이 중생은 세세생생 항상 나의 교화를 받았고, 또한 과거 여러 부처님을 공경하고 존중하며 모든 선근을 심었기 때문이니라. 이 모든 중생은 처음에 나의 몸을 보고 내 말을 듣고 곧 모두 믿고 받아들여서 여래의 지혜에 들어갔느니라. 다만 먼저 소승을 배워 닦고 익힌 사람만은 제외하나니, 이런 사람들도 내가 이제 이 경전을 듣게 하여 부처님의 지혜에 들게 하리라."

그때에 모든 큰 보살들이 게송으로 말하였습니다.

거룩하고 거룩하신 대웅이신 세존께서
많은중생 근기따라 쉽게교화 제도하고
깊고깊은 부처지혜 부처님께 능히물어
듣고믿고 행하오니 저희들도 기쁩니다

이때 세존께서 여러 큰 보살들을 칭찬하셨습니다.

"훌륭하고 훌륭하다, 선남자들이여. 그대들이 능히 여래를 따라서 기뻐하는 마음을 내었구나."

그때에 미륵보살과 팔천 항하사 보살들이 모두 이런 생각을 하였습니다. '우리들은 옛적부터 이와 같은 대보살마하살들이 땅으로부터 솟아 나와 세존 앞에서 합장하고 공양하며 여래께 문안드리는 것을 보지도 못했고 듣지도 못하였다.' 이때 미륵보살마하살이 팔천 항하사 보살들이 마음으로 생각하는 것을 알고, 아울러 자신의 의심도 풀고자 부처님을 향하여 합장하며 게송으로 여쭈었습니다.

한량없는 천만억의 모든보살 대중들은
아직본적 없사오니 양족존은 설하소서
어디에서 오셨으며 모인인연 무엇인가
크신몸에 큰신통력 부사의한 지혜있고

뜻과생각 견고하며 인욕의힘 크시므로
중생들이 좋아하사 어디에서 왔습니까
한분한분 보살마다 거느리는 권속들이
그수효가 한량없어 항하강의 모래같고
혹은어떤 큰보살은 육만권속 거느리네
이와같은 모든대중 일심으로 불도구해
육만항하 모래같은 모든보살 함께와서
부처님께 공양하고 이경받아 호지하네
오만항하 모래같은 거느린이 이보다더
수가많고 사만삼만 이만내지 일만이며

일천일백 일항하의 모래같은 여러제자
반항하사 삼분사분 억만분의 일이거나
천만분의 일이거나 나유타의 만억제자
반억권속 거느린이 그수보다 더욱많고
백만에서 일만일천 일백오십 일십내지

셋둘하나 거느리며 권속없이 홀몸으로
다니기를 좋아하는 보살까지 모두함께
세존앞에 이르러니 그수효는 점점많네
이와같은 모든대중 숫자로써 헤아리면
항하사겁 지나도록 능히알수 없으리라

큰위덕을 갖추고서 정진하는 보살대중
어느누가 설법하여 교화성취 시켰으며
누구에게 처음으로 발심하고 어떤불법
드날리며 어떤경전 받아지녀 수행하며
어떤불도 익혔는가 이와같은 모든보살
신통력과 큰지혜로 사방의땅 갈라지고
모두함께 그속에서 솟구쳐서 나왔거늘
세존이여 저희들은 옛적부터 지금까지
이런일은 본적없네 원하오니 그보살들
어디에서 왔는지를 이름들어 설하소서

제가항상 다녔지만 이대중들 본적없고
이들중의 한사람도 아는이가 없건만은
원하오니 홀연하게 솟아오른 그인연을
말씀하여 주옵소서 지금여기 법회에는
한량없는 백천만억 보살들도 모두다들
알고싶어 하옵나니 처음부터 끝까지의
인연들을 설하소서 무량위덕 세존이여
원하오니 저희들의 의심풀어 주옵소서

그때에 석가모니의 분신 부처님들이 한량없는
천만 억의 다른 국토에서 오셔서 팔방의 보배나무
들 아래 사자좌에 결가부좌하고 계셨습니다. 그 부
처님들의 시자들도 각각 이 보살대중이 삼천대천
세계 사방의 땅으로부터 솟아올라 허공에 머물러
있는 것을 보고 각자 그들의 부처님께 말씀드렸습
니다.

"세존이시여, 이 한량없고 가이없는 아승지의 보살대중은 어느 곳에서 왔습니까?"

그때에 부처님들께서 각자의 시자들에게 말씀하셨습니다.

"선남자들이여, 잠깐만 기다려라. 여기 한 보살마하살이 있으니 이름이 미륵이라. 석가모니부처님의 수기를 받아서 다음에 부처님이 되리라. 이미 이 일을 여쭈었으므로 부처님께서 이제 대답하실 것이니, 그대들도 그로 인해서 마땅히 듣게 될 것이니라."

그때에 석가모니부처님께서 미륵보살에게 말씀하셨습니다.

"훌륭하고 훌륭하다, 아일다여. 비로소 능히 부처님의 이와 같은 큰일을 묻는구나. 그대들은 마땅히 함께 일심으로 정진의 갑옷을 입고 견고한 뜻을 일으켜라. 여래는 지금 부처님들의 지혜와 부처님들의 자재하신 신통의 힘과 부처님들의 사자분신의 힘과 부처님들의 위엄있고 용맹하고 크신 힘을 나타내어 펼쳐 보이고자 하노라.”

그때에 세존께서 미륵보살에게 말씀하셨습니다.

“내가 지금 이 대중 가운데서 그대들에게 말하노라. 아일다여, 이 한량없고 가이없는 아승지의 대보살마하살들이 땅으로부터 솟아올라온 것을 그대들은 예전에 보지 못하였을 것이다. 내가 이 사바세계에서 아뇩다라삼먁삼보리를 얻고서 이 보살들을 교화하고 지도하여 그들의 마음을 조복받아 깨달음을 구하고자 하는 마음을 일으키게 하였느니라. 이 보살들은 모두 이 사바세계 아래의 허공에 머무르며, 모든 경전을 읽고 외우고 통달하여 사유하고 분별하며 바르게 기억하고 있느니라. 아일다여, 이 선남자들이 대중 가운데서 많은 말을

하기를 좋아하지 않고, 항상 고요한 곳에서 부지런히 정진하여 일찍이 쉰 적이 없으며, 또한 인간과 천상에 의지하여 머물지 아니하고, 항상 깊은 지혜를 좋아하여 장애가 없으며, 또한 항상 모든 부처님의 법을 좋아하여 일심으로 정진하며 위없는 지혜를 구하였느니라."

그때에 미륵보살마하살과 무수한 보살들이 일찍이 없던 이상한 일이라 마음에 의혹이 생겨 이런 생각을 하였습니다. '어떻게 세존께서는 그 짧은 시간에 이와 같은 한량없고 가이없는 아승지의 대보살들을 교화하여 아뇩다라삼먁삼보리에 머물게 하시었을까?' 하며 곧 부처님께 말씀드렸습니다.

"세존이시여, 여래께서 태자로 계실 때 석가족의 왕궁을 나오시어 가야성에서 멀지 않은 도량에 앉아 아뇩다라삼먁삼보리를 이루셨습니다. 이로부터 지나온 것이 사십여 년이거늘, 어떻게 세존께서 이 짧은 시간에 큰 불사를 하셨으며, 부처님의 힘과 부처님의 공덕으로 이와 같은 한량없는 대보살들을 교화하시어 아뇩다라삼먁삼보리를 이루게 하셨습니까?

세존이시여, 이 대보살들을 설사 어떤 사람이 천만 억 겁 동안 헤아리더라도 능히 다 헤아릴 수 없고 그 끝을 알 수 없습니다. 이들은 오랜 세월부터 한량없고 가이없는 부처님의 처소에서 여러 선근을 심고 보살도를 성취하였으며, 항상 청정한 수행을 닦았습니다. 세존이시여, 이와 같은 일은 세상에서 믿기 어렵습니다.

비유하면 얼굴이 아름답고 머리가 검은 스물다섯 살의 어떤 사람이 백 살 된 사람을 가리키며 '이 사람은 나의 아들이다.'라고 말하고, 그 백 살 된 사람도 역시 젊은 사람을 가리키며 '이 분이 나의 아버지요 나를 낳아 길러 주셨다.'고 한다면 이 일은 믿기가 어렵습니다.

부처님께서도 이와 같아서 깨달음을 이루신 지 오래되지 않았는데, 이 보살 대중들은 이미 한량없는 천만 억 겁 동안 깨달음을 위하여 부지런히 정진하였고 한량없는 백천만 억 삼매에 잘 들고 나오며 머물러서 큰 신통을 얻고 오래도록 청정한 수행을 닦았습니다. 모든 선한 법을 능히 차례로 잘 익혀 문답에도 훌륭하며 사람들 가운데 보배이니 모든 세간에서 매우 희유합니다.

오늘 세존께서 바야흐로 말씀하시기를 '깨달음을 얻었을 때 처음으로 마음을 일으켜서 교화하고 인도하여 아뇩다라삼먁삼보리에 향하도록 하였다.'고 하시니 세존께서 부처님 되신 지가 오래되지 않았는데 어찌 이런 큰 공덕의 일을 지으셨습니까. 저희는 부처님께서 근기에 맞게 설하신 것과 부처님께서 하신 말씀이 허망하지 않다고 믿었사오며, 부처님께서 아시는 것을 모두 다 통달하였습니다. 그러나 만일 새로 발심하는 보살들이 부처님께서 열반하신 뒤에 이 말씀을 듣는다면 혹 믿고 받아들이지 아니하여 법을 파괴하는 죄업의 인연을 일으키게 될 것입니다.

그렇습니다. 세존이시여, 원하옵나니 해설하여 주시어 저희의 의심을 풀어 주시고, 아울러 오는 세상의 선남자들이 이 일을 듣고도 의심을 내지 않게 하여 주시옵소서."

제16 여래수량품

그때에 부처님께서 보살들과 모든 대중에게 말씀하셨습니다.

"선남자들이여, 그대들은 마땅히 여래의 진실하고 참된 말씀을 믿고 이해해야 하느니라."

다시 대중에게 말씀하셨습니다.

"선남자들이여, 그대들은 마땅히 여래의 진실하고 참된 말씀을 믿고 이해해야 하느니라."

그리고 또 다시 대중에게 말씀하셨습니다.

"선남자들이여, 그대들은 마땅히 여래의 진실하

고 참된 말씀을 믿고 이해해야 하느니라."

이때 보살 대중 가운데 미륵보살이 선두에 서서 합장하고 부처님께 말씀드렸습니다.

"세존이시여, 오직 원하옵건대 말씀하여 주옵소서. 저희들은 마땅히 부처님의 말씀을 믿고 받아들이겠습니다."

이와 같이 세 번이나 말씀드리고 다시 말하였습니다.

"오직 원하옵건대 말씀하여 주옵소서. 저희들은 마땅히 부처님의 말씀을 믿고 받아들이겠습니다."

그때에 세존께서 보살들이 세 번이나 청하고도 그만두지 않을 것을 아시고 말씀하셨습니다.

"그대들은 여래의 비밀한 신통력을 자세히 들으라. 모든 세간의 천신과 인간과 아수라들이 말하기를 '지금 석가모니부처님께서 석가족의 궁전에서 나오시어 가야성에서 멀지 않은 도량에 앉아 아뇩다라삼먁삼보리를 이루셨다.'라고 하느니라. 그러나 선남자여, 내가 실제로 성불한 지는 한량없고 가이없는 백천만 억 나유타 겁이니라. 비유하면 오백 천만 억 나유타 아승지의 삼천대천세계를 가령 어떤 사람이 부수어 작은 티끌로 만들어서 동방으로 천만 억 나유타 아승지 국토를 지나며 티끌 하나씩을 떨어뜨리고, 이와 같이 동방으로 가면서 이 티끌들이 다 없어진다면, 선남자들이여, 어떻게 생각하느냐. 이 모든 세계를 가히 사유하고 헤아린다면 그 수를 알 수 있겠느냐?"

미륵보살 등이 함께 부처님께 말씀드렸습니다.
"세존이시여, 이 모든 세계는 한량없고 가이없어 산수로도 알 수가 없고 마음의 힘으로도 미칠 수가 없습니다. 모든 성문과 벽지불이 무루의 지혜로 능히 사유하여도 그 한계의 수를 알 수 없으며,

불퇴전의 경지에 있는 저희들도 이런 일에 대해서는 통달할 수가 없습니다. 세존이시여, 이와 같이 모든 세계는 한량없고 가이없습니다."

그때에 부처님께서 대보살들에게 말씀하셨습니다.

"선남자들이여, 이제 마땅히 분명하게 그대들에게 말하겠노라. 이 모든 세계에 티끌이 떨어진 곳과 떨어지지 않은 곳을 모두 다시 티끌로 만들어서 한 티끌을 일 겁으로 하더라도, 내가 성불한 지는 이보다도 백천만 억 나유타 아승지 겁이 더 지났느니라. 그때부터 나는 항상 이 사바세계에서 법을 설하여 교화하였으며, 또한 다른 백천만 억 나유타 아승지 국토에서도 중생을 인도하여 이롭게 하였느니라.

선남자들이여, 이러한 사이에 나는 연등불께 법을 얻었노라 말하였고, 또 거기서 열반에 들었다고

도 말하였으나, 이와 같은 것은 모두 방편으로 분별한 것이니라.

선남자들이여, 만일 어떤 중생이 내가 있는 곳으로 찾아오면 나는 부처님의 눈으로 그의 신심 등의 근기가 뛰어난지 둔한지를 보고 제도할 바에 따라 곳곳에서 말하는 이름이 같지 않고, 나이도 많거나 적게 하여 말하였느니라. 또 마땅히 열반에 든다고 드러내어 말하기도 하였으며, 또 갖가지 방편으로 미묘한 법을 설하여 능히 중생으로 하여금 환희심을 내게 하였느니라.

선남자들이여, 여래는 중생이 작은 법을 좋아하여 공덕이 얕고 업장이 무거운 것을 보고, 이런 사람들을 위하여 '나는 젊어서 출가하여 아뇩다라삼먁삼보리를 얻었다.'고 하였느니라. 사실 내가 성불한 지는 이와 같이 오래되었지만, 다만 방편으로 중생을 교화하여 부처님의 깨달음에 들게 하려고 이런 말을 하였던 것이니라.

선남자들이여, 여래께서 설한 경전들은 모두 중생을 제도하여 해탈하게 하기 위한 것이니, 혹 자기의 몸을 말하고, 혹은 다른 이의 몸을 말하며, 혹은 자기의 몸을 보이기도 하고, 혹은 다른 이의 몸을 보이기도 하며, 혹은 자기의 일을 보이기도 하고, 혹은 다른 이의 일을 보이기도 하지만, 설한 것들은 모두 진실하여 허망하지 않느니라.

왜냐하면 여래는 삼계의 모습을 실제와 같이 있는 그대로 알고 보기 때문이니라. 곧, 나고 죽음에 나오거나 물러남이 없으며, 또한 세상에 존재하거나 열반하는 것도 없으며, 진실하지도 않고 허망하지도 않았으며, 같지도 않고 다르지도 않아서 중생이 삼계에서 삼계를 보는 것과는 같지 않느니라. 이러한 일을 여래는 분명하게 보아 그릇됨이 없건만, 중생은 갖가지 성품과 갖가지 욕망과 갖가지 행동과 갖가지 생각과 분별이 있기 때문에, 모든 선근을 내게 하려고 약간의 인연과 비유와 말로써 갖가지 법을 설하여 불사를 지었으며 잠시도 그만 둔 적이 없었느니라. 이와 같이 내가 성불한 지는 매우 오래되었고 수명도 한량없는 아승지 겁이라 서 항상 머무르며 멸하지 않느니라.

선남자들이여, 내가 본래 보살도를 행하여 이룬 수명은 지금도 오히려 다하지 아니하여 다시 위에 서 말한 수의 배나 되느니라. 그러므로 지금 실제 로 열반하는 것은 아니지만 문득 열반하리라 말하 는 것은 여래께서 이런 방편으로 중생을 교화하기 위함이니라.

왜냐하면 만일 부처님께서 세상에 오래 머문다 고 하면 박덕한 사람들은 선근을 심지 않아서 가난하고 하천하며, 오욕만 탐하여 기억하고 생각하는 것이 허망한 소견의 그물에 들어가게 되기 때문이니라. 또한 만일 여래께서 열반하지 않고 항상 계신 것을 본다면 문득 교만하고 방자한 마음을 일으켜, 싫증과 게으름을 품고 만나기 어렵다는 생각과 공경하는 마음을 내지 않을 것이기 때문에 여래께서 방편으로 설하는 것이니라.

비구들이여, 마땅히 알라. 부처님들께서 세상에 출현하시는 것을 만나기는 매우 어려우니라. 왜냐하면 박덕한 사람들은 한량없는 백천만 억 겁을 지나서 혹 부처님을 보기도 하고, 보지 못하기도 하느니라. 이런 사실 때문에 내가 '비구들이여, 여래는 만나 뵙기가 어렵다.'라고 말한 것이니라. 중생이 이 말을 들으면 마땅히 만나기가 어렵다는 생각을 내고, 마음으로 연모하며 부처님을 갈망하여 곧 선근을 심게 되는 것이니라. 그러므로 여래는 실제 열반하는 것이 아니지만 열반한다고 말하는 것이니라. 또 선남자여, 모든 부처님 여래의 법이 모두 이와 같아서 중생을 제도하기 위한 것이므로 모두가 진실하여 허망하지 않느니라.

비유하자면 마치 훌륭한 의사가 지혜가 있고 총명하여 약의 처방에도 밝고 노련하여 여러 가지 병을 잘 치료하였느니라. 그 사람에게는 자식들이 많아서, 열이나 스물, 또는 백 명이나 되었느니라. 볼 일이 있어서 멀리 다른 나라에 갔는데 아이들이 그 사이에 독약을 마시고 약이 퍼져 혼미하고 어지러워 땅에 뒹굴고 있었느니라. 이때 그 아버지가 집에 되돌아와 보니 자식들이 독약을 마시고는 본마음을 잃거나 혹 잃지 않은 자식도 있었는데, 멀리서 그 아버지를 보고 모두 크게 기뻐하며 무릎을 꿇고 절하며 문안드리기를 '편안히 잘 다녀오셨습니까? 저희가 어리석어 독약을 잘못 먹었습니다. 바라옵건대 보시고 치료해주시어 다시 살려주십시오.' 하였느니라.

아버지는 자식들의 이러한 고통과 괴로움을 보고 여러 가지 처방으로 색깔과 향기와 좋은 맛을 다 갖춘 좋은 약초를 구하여, 방아에 찧고 채로 치고 섞어서 자식들에게 먹게 하며 말하기를 '이것은 매우 훌륭한 약이니라. 색깔과 향기와 좋은 맛을 모두 다 갖추었으니, 너희들이 먹으면 속히 고통과 괴로움이 없어지고 다시는 아프지 않으리라.' 하였느니라.

그 자식들 중에 마음을 잃지 않은 이는 이 훌륭한 약이 색깔과 향기가 갖추어 있음을 보고 좋아하며 곧 먹고 병이 다 나았으나, 마음을 잃어버린 나머지 자식들은 아버지가 온 것을 보고 비록 기뻐하며 문안드리고 병을 치료해주기를 애걸하였으나 그 약을 먹지는 않았느니라. 왜냐하면 독의 기운이 깊이 들어가 본심을 잃어버렸으므로 이렇게 색깔과 향기가 좋은 약을 좋지 않게 여겼기 때문이니라.

아버지는 이렇게 생각하였느니라.

'이 자식들이 참으로 불쌍하구나. 독에 중독되어서 마음이 모두 뒤집혀 비록 나를 보고 기뻐하며 고쳐달라 애걸하면서도 이와 같이 좋은 약을 기꺼이 먹지 않으니 내가 이제 마땅히 방편을 써서 이 약을 먹게 하리라.' 하고 곧 이렇게 말하였느니라. '너희들은 마땅히 알라. 나는 이제 쇠약하고 늙어서 죽을 때가 이미 되었느니라. 이 좋고 훌륭한 약을 지금 여기에 둘 터이니, 너희들이 가져다가 먹되 차도가 없을까 걱정하지 말아라.'

이렇게 타일러 놓고 다시 다른 나라로 가서 사람을 보내어 말하기를 '너희들의 아버지가 죽었다.'라고 하였느니라.

이때 자식들은 아버지가 세상을 떠났다는 말을 듣고 마음으로 크게 근심 걱정하면서 이렇게 생각하였느니라. '만일 아버지가 계신다면 우리들을 자비로써 어여삐 여기시어 능히 구호해주시겠지만, 이제 우리를 두고 멀리 다른 나라에서 돌아가셨으니 외롭게 되었으며 다시 믿고 의지할 곳이 없어졌구나.' 하고는 항상 슬픔을 품고 있다가 드디어 마음이 깨어나게 되었느니라.

이에 이 약이 색깔과 향기와 맛이 좋음을 알고 곧 가져다가 먹고는 중독되었던 병이 모두 나았느니라. 그 아버지는 자식들이 다 나았다는 것을 듣고 곧 찾아 돌아와서 이들로 하여금 모두 보게 하였느니라.

선남자들이여, 어떻게 생각하느냐. 어떤 사람이 이 훌륭한 의사가 거짓말 한 죄를 능히 말할 수 있겠느냐."

"아닙니다. 세존이시여."

부처님께서 말씀하셨습니다.

"나도 이와 같아서 성불한 지가 한량없고 가이없는 백천만 억 나유타 아승지 겁이지만, 중생을 위하여 방편력으로 마땅히 열반하리라고 말하느니라. 또한 능히 여법하게 나의 거짓말 한 허물에 대해 말할 수 없을 것이니라."

제17 분별공덕품

그때에 큰 법회에서 부처님께서 말씀하신 수명의 겁 수가 이와 같이 영원하다는 것을 듣고 한량없고 가이없는 아승지의 중생이 큰 이익을 얻었습니다.

이때 세존께서 미륵보살마하살에게 말씀하셨습니다.

"아일다여, 내가 여래의 수명이 영원하다는 것을 말할 때 육백팔십만 억 나유타 항하사 중생이 불생불멸의 지혜를 얻었으며, 또 천 배의 보살마하살들은 문지다라니문을 얻었느니라. 또 한 세계의 미진수의 보살마하살들은 설법 잘하는 변재를 얻었으며, 또 한 세계의 미진수의 보살마하살들은 백천만 억 한량없는 선다라니를 얻었느니라. 또 삼천대천세계 미진수의 보살마하살들은 능히 물러나지 않는 법륜을 굴리며, 또 이천중천세계의 미진수의 보살마하살들은 능히 청정한 법륜을 굴리며, 또 소천세계 미진수의 보살마하살들은 팔생만에 마땅히 아뇩다라삼먁삼보리를 얻었느니라. 또 네 사천하의 미진수의 보살마하살들은 네 번째 생만에 마땅히 아뇩다라삼먁삼보리를 얻었으며, 또 세 사천하의 미진수의 보살마하살들은 세 번째 생만에 마땅히 아뇩다라삼먁삼보리를 얻었으며, 또 두 사천하의 미진수의 보살마하살들은 두 번째 생만에 마땅히 아뇩다라삼먁삼보리를 얻었으며, 또 한 사천하의 미진수의 보살마하살들은 첫 번째 생만에 마땅히 아뇩다라삼먁삼보리를 얻었으며, 또 여덟 세계의 미진수의 중생은 모두 아뇩다라삼먁삼보리심을 내었느니라."

부처님께서 이 모든 보살마하살이 큰 법의 이익을 얻었다고 말씀하실 때, 허공에서 만다라꽃과 마하만다라 꽃비를 내려 한량없는 백천만 억 보배나무 아래의 사자좌에 계시는 부처님들께 흩었습니다. 아울러 칠보 탑 속의 사자좌에 앉아 계시는 석가모니부처님과 오래전에 열반하신 다보여래께도 흩었습니다. 또한 일체 모든 대보살과 사부대중에게도 흩었습니다. 또한 가루로 된 전단향과 침수향을 비 내리듯 흩었습니다. 허공에서는 하늘 북이 저절로 울리니 미묘한 소리가 깊고도 멀었습니다. 또한 천 가지 하늘 옷을 비 내리며, 여러 가지 영락을 드리우니, 진주영락, 마니주영락, 여의주영락이

아홉 방향에 두루하며, 여러 가지 보배향로에 값을 매길 수 없는 향을 사르니 저절로 두루 퍼져 큰 법회에 공양하게 되었습니다. 한 분 한 분의 부처님 위에는 보살들이 번기와 일산을 들고 차례로 올라가 범천에 이르렀으며, 이 보살들은 미묘한 음성으로 한량없는 게송을 노래하며 부처님들을 찬탄하였습니다.

그때에 부처님께서 미륵보살마하살에게 말씀하셨습니다.

"아일다여, 어떤 중생이 부처님의 수명이 이와 같이 영원하다는 것을 듣고 나아가 능히 일념으로 믿고 이해한다면 얻는 공덕은 한량없을 것이니라. 만일 선남자 선여인이 아뇩다라삼먁삼보리를 위하여 팔십만 억 나유타 겁 동안 반야바라밀을 제외한 다섯 바라밀인 보시바라밀과 지계바라밀과 인욕바라밀과 정진바라밀과 선정바라밀을 행하더라도 이 공덕으로는 앞의 공덕과 비교하면 백 분, 천 분, 백천만 억 분의 일에도 미치지 못하며, 내지 산수와 비유로도 능히 알 수 없느니라. 만일 선남자 선여인이 이와 같은 공덕이 있다면 아뇩다라삼먁삼보리에서 물러나는 일은 없을 것이니라."

"또 아일다여, 만일 부처님의 수명이 영원하다는 것을 듣고 그 말뜻을 이해한다면, 이 사람이 얻는 공덕은 한량없어서 능히 여래의 위없는 지혜를 일으키리라. 하물며 이 경전을 많이 듣거나 남을 시켜 듣게 하거나, 스스로 지니거나 남을 시켜 지니게 하거나, 스스로 쓰거나 남을 시켜 쓰게 하거나, 꽃과 향과 영락과 당기와 번기와 비단으로 된 일산과 향유와 등불로써 경전에 공양한다면 더 말할 것이 있겠느냐! 이 사람의 공덕은 한량없고 가이없어 능히 일체종지가 생기리라.

아일다여, 만일 선남자와 선여인이 '나의 수명이 영원하다.'라는 말을 듣고, 깊은 마음으로 믿고 이해한다면 곧 부처님께서 항상 영축산에 계시면서 대보살들과 함께 성문 대중들에게 둘러싸여 법을 설하시는 것을 보게 될 것이니라.

또 이 사바세계의 땅은 유리로 평탄하고 반듯하며, 염부단금으로 여덟 갈래 길에 경계를 삼고 보배나무가 줄을 지어 있느니라. 모든 전망대와 누각이 모두 보배로 이루어져 있으며 보살대중이 다 함께 그 속에 있는 것을 보게 될 것이니라. 만일 이와 같은 것을 볼 수 있는 사람이 있다면 마땅히 그 사람은 이것을 깊이 믿고 이해하는 모습인 줄 알지니라.

또 여래께서 열반하신 뒤에 이 경전을 듣고 훼방하고 헐뜯지 않고 따라 기뻐하는 마음을 일으킨다면 마땅히 그 사람은 이미 깊게 믿고 이해하는 모습인 줄 알지니라. 하물며 읽고 외우고 받아 지니는 사람은 말할 것이 있겠느냐. 이 사람은 곧 여래를 머리 위에 이고 받드는 것이 되느니라.

아일다여, 이러한 선남자 선여인들은 나를 위하여 다시 탑과 절을 세우고, 스님들의 승방을 짓고, 네 가지 공양을 스님들에게 할 필요가 없느니라. 왜냐하면 이런 선남자 선여인은 이 경전을 받아 지니고 읽고 외운 것으로 이미 탑을 세우고 승방을 지은 것이 되어 스님들께 공양한 것이 되기 때문이니라. 곧 부처님의 사리로써 칠보탑을 세우되, 높을수록 넓이가 점점 작아져서 범천에까지 다다르며, 번기와 일산과 보배풍경을 달았으며, 꽃과 향과 영락과 가루향, 바르는 향, 사르는 향과 갖가지 북과 음악과 퉁소와 피리와 공후와 갖가지 춤과 미묘한 소리로 노래하고 찬송하는 것이 되며,

곧 한량없는 천만 억 겁에 이런 공양을 이미 한 것이 되느니라.

아일다여, 만일 내가 열반한 뒤에 이 경전을 듣고 능히 받아 지니며, 스스로 쓰거나 남을 시켜 쓰게 하면 곧 승방을 세우는 것이 되느니라. 붉은 전단으로 서른두 채의 전당을 짓되, 높이는 팔 다라수로 높고 넓으며 아름답게 꾸며져서 백 천의 비구가 그 안에서 머무르며, 동산과 숲과 목욕하는 연못과 경행할 선실과 의복과 음식과 평상과 침구와 탕약과 일체의 오락기구가 그 안에 가득하며, 이와 같은 승방과 전당과 누각이 백천만 억으로 그 수를 헤아릴 수 없으니, 이렇게 현재 앞에 나타나서 나와 비구 스님들에게 공양하는 것이 되느니라.

그러므로 내가 말하기를 '여래께서 열반한 뒤에

받아 지니고 읽고 외우고 남을 위해 설하며 스스로 쓰거나 남을 시켜 쓰게 하여 경전에 공양한다면, 다시 탑과 절을 세우거나 승방을 지어서 스님들께 공양할 필요가 없다.'고 하는 것이니라. 하물며 다시 어떤 사람이 능히 이 경전을 지니고 겸하여 보시와 지계와 인욕과 정진과 한결같은 마음으로 지혜를 행하면, 그 공덕은 가장 수승하여 한량없고 가이없느니라.

비유하면 허공이 동서남북과 사유와 상하가 한량없고 가이없듯이, 이 사람의 공덕 역시 이와 같이 한량없고 가이없어서 일체종지에 빨리 이르게 되느니라.

만일 어떤 사람이 이 경전을 읽고 외우며 받아지니고 남을 위해 설하며 스스로 쓰거나 남을 시켜 쓰게 하고, 또 능히 탑을 세우거나 승방을 지어서 성문과 스님들께 공양하고 찬탄하며 또한 백천만 억 가지의 찬탄하는 법으로 보살의 공덕을 찬탄하고, 또 다른 사람을 위하여 갖가지 인연으로 이 법화경을 뜻에 따라 해설하며, 다시 능히 계를 청정하게 지니고, 부드럽고 온화한 이들과 함께 머물며, 인욕으로 화를 내지 않고, 뜻과 생각이 견고하며, 항상 좌선을 귀하게 여겨 여러 가지 깊은 선정을 얻고, 용맹정진하여 선한 법들을 섭수하며, 뛰어난 근기와 지혜로 어려운 물음에도 잘 대답하느니라.

아일다여, 만일 내가 열반한 뒤에 선남자 선여인들이 이 경전을 받아 지녀 읽고 외우는 사람은 다시 이와 같은 좋은 공덕들이 있을 것이니 마땅히 알라. 이 사람은 이미 도량에 나아가 아뇩다라삼먁삼보리에 가까워서 깨달음의 나무 아래에 앉은 것이니라.

아일다여, 이 선남자 선여인들이 앉거나 서거나 다니는 곳이면, 여기에는 마땅히 탑을 세워 일체 천신과 인간들이 모두 응당 부처님의 탑과 같이 공양할 것이니라."

제18 수희공덕품

그때에 미륵보살마하살이 부처님께 말씀드렸습니다.

"세존이시여, 만일 선남자 선여인이 이 법화경을 듣고 따라서 기뻐한다면 얻는 복이 얼마나 되겠습니까?"

그때에 부처님께서 미륵보살마하살에게 말씀하셨습니다.

"아일다여, 여래께서 열반하신 뒤에 만일 비구, 비구니, 우바새, 우바이와 그 밖의 지혜 있는 사람이 어른이든 아이든 이 경전을 듣고 따라서 기뻐하며 법회에서 나와 다른 곳에 이르러서는 승방이거나 한적한 곳이거나, 거리, 촌락, 마을이거나, 그가 들은 대로 부모와 친척과 친구와 아는 이를 위하여 힘껏 연설하여 그 사람들이 듣고 따라서 기뻐하며, 다시 다른 사람에게 가르쳐 전해주고, 다른 사람이 듣고는 역시 따라서 기뻐하며 가르쳐 전하고 이와같이 전하여 오십 번째에 이르면, 아일다여, 그 오십 번째인 선남자 선여인이 따라서 기뻐한 공덕을 내가 지금 말하리니 그대는 마땅히 잘 들으라.

가령 사백만 억 아승지 세계에서 육도의 사생 중생인 알에서 태어나는 난생과 태에서 태어나는 태생, 습한 곳에서 태어나는 습생, 변화하여 생겨나는 화생과 형상이 있는 것, 형상이 없는 것, 생각이 있는 것, 생각이 없는 것, 생각이 있는 것도 아니고 없는 것도 아닌 중생과 발이 없는 것, 두 발 가진 것, 네 발 가진 것, 많은 발을 가진 것 등 이와 같이 많은 수의 중생에게 어떤 사람이 복을 구하려고 그들의 욕망에 따라 즐거운 물건을 모두 나누어주되, 각각의 중생에게 염부제에 가득 찰 만한 금, 은, 유리, 자거, 마노, 산호, 호박 등의 미묘하고 진귀한 보배와 코끼리와 말과 수레와 칠보로 이루어진 궁전과 누각 등을 주었느니라.

이 큰 시주자는 이와 같이 팔십 년 동안 보시하고 이런 생각을 하였느니라. '나는 이미 중생에게 즐거운 물건을 그들의 뜻에 따라 베풀어 주었으나, 이 중생이 모두 이미 늙어서 나이가 팔십이 넘어 머리가 희고 얼굴은 주름졌으며, 오래지 않아 죽을 것 같으니, 내가 마땅히 불법으로 가르쳐 인도하리라.' 하고 곧 이 중생을 모아서 법을 널리 펴서 교화하며 보여주고 가르쳐서 이롭게 하고 기쁘게 하였느니라. 일시에 모두 수다원도와 사다함도와 아나함도와 아라한도를 얻어서 온갖 번뇌가 다하고 깊은 선정에서 모두 자재함을 얻고 팔해탈을 갖추게 되었다면 그대는 어떻게 생각하느냐? 이 큰 시주가 얻은 공덕이 어찌 많지 않겠느냐?"

미륵이 부처님께 말씀드렸습니다.

"세존이시여, 이 사람의 공덕은 매우 많아서 한량없으며 가이없을 것입니다. 만일 이 시주가 단지 중생에게 모든 즐거운 물건만 보시하였더라도 공덕이 한량이 없을 것인데, 하물며 아라한과를 얻게 하였으니 어찌 말할 것이 있겠습니까?"

부처님께서 미륵에게 말씀하셨습니다.

"내가 지금 분명하게 그대에게 말하노라. 이 사람이 모든 즐거운 물건으로써 사백만 억 아승지 세계의 육도 중생에게 보시하고, 또 아라한과를 얻게 하더라도 얻은 공덕은 이 오십 번째 사람이 법화경의 한 게송을 듣고 따라서 기뻐한 공덕의 백분, 천 분, 백천만 억 분의 일에도 미치지 못하며, 내지 산수나 비유로도 능히 알 수 없느니라.

아일다여, 이와 같이 오십 번째 사람이 법화경을 차츰 전해 듣고서 따라 기뻐한 공덕도 오히려 한량이 없고 가이없는 아승지 겁이거늘, 어찌 하물며 최초의 법회에서 듣고 따라 기뻐한 사람이야 말할 것이 있겠느냐? 그의 복은 더욱 수승해서 한량없고 가이없는 아승지로도 비교할 수가 없느니라.

또 아일다여, 만일 어떤 사람이 이 경전을 듣기 위해 승방에 가서 앉거나 서서 잠시라도 듣는다면 이 공덕의 인연으로 몸을 바꾸어 태어날 때에는 가장 좋고 훌륭한 코끼리나 말의 수레를 타거나 진귀한 보배로 꾸민 가마를 타고 하늘궁전에 오를 것이니라.

　만일 또 어떤 사람이 법을 강설하는 곳에 앉아 있다가 다른 사람이 오면 권하여 앉아 듣되 만약 자리를 나누어 앉게 하면 이 사람의 공덕은 몸을 바꾸어 제석천이 앉는 곳이나 범천왕이 앉는 곳이나 전륜성왕이 앉는 곳에 앉게 될 것이니라.

　아일다여, 만일 어떤 사람이 다른 사람에게 말하기를 '법화'라 이름하는 경전이 있으니, 같이 들으러 가자고 하여 곧 그 가르침을 받아들여서 잠깐이라도 듣는다면, 이 사람의 공덕은 몸을 바꾸어 태어날 때 다라니를 얻은 보살과 함께 한 곳에 태어나게 되리라. 근기가 뛰어나고 지혜로우며 백천만 세에 벙어리가 되지 않고, 입에서 냄새가 나지 않으며, 혀는 항상 병이 없고, 입도 항상 병이 없으며, 치아는 때가 끼거나 검지 않으며 누렇지도 성글지도 않으며 또한 빠지지도 않고 어긋나거나 굽지도 않으며, 입술은 아래로 처지지도 않고 또한 걷어 올라가 오므라들지도 않으며 거칠거나 부스럼이 나지 않으며, 언청이거나 삐뚤어지지도 아니하며, 두껍거나 너무 크지도 않고, 또한 검지도 않아 모든 추한 것이 없으리라.

코는 납작하거나 비뚤어지지도 않으며, 굽거나 휘어지지도 않으며, 얼굴은 어둡거나 좁거나 길지도 않으며 또한 들어가거나 일그러지지도 않아 못생긴 모습이 하나도 없으리라. 입술과 혀와 치아가 모두 다 잘 생기고, 코는 길고 높고 곧으며, 얼굴은 원만하고, 눈썹이 높고 길며, 이마는 넓고 반듯하여 인상이 잘 갖추어졌으며, 세세생생 태어날 때마다 부처님을 뵙고 법을 듣고 가르침을 믿고 받아들일 것이니라.

아일다여, 그대는 먼저 이것을 생각해 보아라. 한 사람을 권하여 법을 들으러 가게 한 공덕이 이

와 같거늘, 어찌 하물며 일심으로 듣고 설하며 읽
고 외우며 대중 가운데서 다른 사람을 위하여 분
별하여 말씀대로 수행하는 것이야 말할 것이 있겠
느냐."

제19 법사공덕품

　그때에 부처님께서 상정진보살마하살에게 말씀하셨습니다.

　"만일 선남자 선여인이 이 법화경을 받아 지니고 읽거나 외우거나 해설하거나 옮겨 쓴다면, 이 사람은 마땅히 팔백 가지 눈의 공덕과 천이백 가지 귀의 공덕과 팔백 가지 코의 공덕과 천이백 가지 혀의 공덕과 팔백 가지 몸의 공덕과 천이백 가지 의식의 공덕을 얻을 것이니, 이 공덕으로 육근을 장엄하여 모두 청정하게 될 것이니라.

이 선남자 선여인은 부모가 낳아준 청정한 육안으로 삼천대천세계의 안과 밖에 있는 산과 숲과 강과 바다를 보며, 아래로는 아비지옥에 이르며 위로는 유정천에 이르기까지 보게 되느니라. 또한 그 가운데 있는 모든 중생을 보고, 아울러 업의 인연과 과보로 태어나는 곳을 모두 보고 다 알 수 있느니라."

"또 상정진보살이여, 만일 어떤 선남자 선여인이 이 경전을 받아 지니고 읽거나 외우거나 해설하거나 옮겨 쓴다면, 천이백 가지 귀의 공덕을 얻으리라. 이 청정한 귀로써 삼천대천세계의 아래로는 아비지옥에 이르며 위로는 유정천에 이르기까지 그 속의 안과 밖에 있는 갖가지 말과 소리를 들으리라. 코끼리 소리, 말 소리, 소 소리, 수레 소리, 우는 소리, 탄식하는 소리, 소라 소리, 북 소리, 종

소리, 방울 소리, 웃는 소리, 말하는 소리, 남자 소리, 여자 소리, 동자 소리, 동녀 소리, 법의 소리, 법 아닌 소리, 괴로운 소리, 즐거운 소리, 범부의 소리, 성인의 소리, 기쁜 소리, 기쁘지 않은 소리, 하늘 소리, 용의 소리, 야차의 소리, 건달바의 소리, 아수라의 소리, 가루라의 소리, 긴나라의 소리, 마후라가의 소리, 불 소리, 물 소리, 바람 소리, 지옥의 소리, 축생의 소리, 아귀의 소리, 비구의 소리, 비구니의 소리, 성문의 소리, 벽지불의 소리, 보살의 소리, 부처님의 소리를 들으리라.

요약해서 말하자면 삼천대천세계 가운데 비록 하늘의 귀를 얻지 않더라도 부모가 낳아준 청정한 보통의 귀로 모든 안과 밖의 소리들을 모두 다 듣고 아나니, 이와 같이 갖가지 음성을 분별하여도 귀가 손상되지 않느니라."

"또 상정진보살이여, 만일 선남자 선여인이 이 경전을 받아 지니고 읽거나 외우거나 해설하거나 옮겨 쓴다면, 팔백 가지 코의 공덕을 성취하여 이 청정한 코로써 삼천대천세계의 위와 아래와 안과 밖의 갖가지 모든 향기를 맡으리라. 수만나꽃향기, 사제꽃향기, 말리꽃향기, 첨복꽃향기, 바라라꽃향기, 붉은연꽃향기, 푸른연꽃향기, 흰연꽃향기, 꽃나무향기, 과일나무향기와 전단향, 침수향, 다마라발향, 다가라향과 천만 가지 화합한 향과 가루거나 환이거나 바르는 향을 이 경전을 지니는 사람은 이곳에 머무르며 모두 능히 분별할 수 있느니라.

또 중생의 냄새를 분별하여 알되, 코끼리의 냄새, 말의 냄새, 소의 냄새, 양들의 냄새, 남자의 냄새, 여자의 냄새, 동자의 냄새, 동녀의 냄새와 풀과 나무와 숲의 냄새, 혹은 가까이 혹은 멀리 있는 냄새들을 모두 맡아서 분별하여 착오가 없느니라.

이 경전을 지니는 이는 비록 여기에 머물러 있으면서도 천상의 모든 향기를 맡나니, 파리질다라와 구비다라 나무의 향기와 만다라꽃의 향기, 마하만다라꽃의 향기, 만수사꽃의 향기, 마하만수사꽃의 향기와 전단향, 침수향, 갖가지의 가루향과 온갖 꽃들의 향기 등 이와 같이 하늘의 향기가 화합하여 나온 향기를 맡고 알지 못하는 것이 없느니라.

또 모든 하늘 사람들의 몸 향기를 맡나니, 석제환인이 훌륭한 궁전에서 오욕락을 즐길 때의 향기와 혹은 미묘한 법당에서 도리천들을 위하여 법을 설할 때의 향기와 혹은 여러 동산에서 유희할 때의 향기와 그리고 다른 하늘의 남녀들의 몸 향기를 모두 다 멀리서 맡을 수 있으며, 이와 같이 점차로 범천에 이르고, 위로는 유정천에 이르기까지 모든 하늘 사람들의 몸 향기 또한 모두 맡을 수 있으

며, 아울러 모든 하늘에서 사르는 향기를 맡을 수
있느니라.

그리고 성문의 향기, 벽지불의 향기, 보살의 향
기, 부처님들의 몸에서 나는 향기도 모두 멀리서
맡아 그 있는 곳을 아느니라. 비록 이런 향기를 맡
게 되더라도 코는 손상되지 않으며 잘못되지도 않
느니라. 만일 분별하여 다른 사람을 위하여 말해주
려고 하면 기억과 생각이 그릇되지 않으리라."

"또 상정진이여, 만일 선남자 선여인이 이 경전
을 받아 지니고 읽거나 외우거나 해설하거나 옮겨
쓴다면, 천이백 가지 혀의 공덕을 얻을 것이니, 좋
거나 나쁘거나 맛있거나 맛있지 않거나 쓰거나 떫
은 것들이 그의 혀에 닿으면 모두 최고의 맛으로
변하여 하늘의 감로수와 같이 맛있지 않은 것이
없느니라. 만일 이 혀로 대중 가운데서 연설하게

되면, 깊고 미묘한 음성이 나와 능히 그들의 마음 속으로 들어가 모두 기쁘고 즐겁게 하느니라.

또 모든 천자와 천녀와 제석과 범천 등 여러 하늘이 이 깊고 미묘한 음성으로 연설하는 것을 듣고는 차례로 모두 다 와서 경청하리라. 또 모든 용과 용녀와 야차와 야차녀와 건달바와 건달바녀와 아수라와 아수라녀와 가루라와 가루라녀와 긴나라와 긴나라녀와 마후라가와 마후라가녀들이 법을 듣기 위하여 모두 가까이 와서 공경하고 공양하며, 또 비구와 비구니, 우바새와 우바이, 국왕과 왕자와 신하, 권속들과 작은 전륜왕과 큰 전륜왕, 그리고 칠보 천자의 내외 권속들이 그들의 궁전을 타고 함께 와서 법을 들으리라.

이 보살이 법을 잘 설하기 때문에 바라문과 거사와 나라 안의 백성들이 목숨이 다하도록 따르고 모시어 공양하며, 또 성문과 벽지불과 보살들과 부처님들께서 항상 이 사람을 보기를 좋아하며 이 사람이 있는 쪽의 부처님들도 모두 그가 있는 곳을 향하여 법을 설하시니, 그리하여 모든 부처님의 법을 능히 받아 지닐 것이며, 깊고 미묘한 법의 음성을 능히 낼 것이니라."

"또 상정진이여, 만일 선남자 선여인이 이 경전을 받아 지니고 읽거나 외우거나 해설하거나 옮겨 쓴다면, 팔백 가지 몸의 공덕을 얻을 것이니, 맑고 깨끗한 몸을 얻되, 마치 유리와 같아서 중생이 보기 좋아하리라. 그 몸이 깨끗하므로 삼천대천세계의 중생이 나는 때와 죽는 때와 높고 낮음과 좋고 나쁜 것과 좋은 곳에 나는 것과 나쁜 곳에 나는 것이 모두 그 가운데 나타나느니라.

또 철위산과 대철위산과 미루산과 마하미루산 등의 모든 산들과 그 속의 중생도 모두 그 가운데 나타나며, 아래로는 아비지옥에 이르며 위로는 유정천에 이르기까지 있던 중생이 모두 그 가운데 나타나며, 성문과 벽지불과 보살과 부처님들께서 법을 설하시는 것이 모두 그 몸에 그 형상으로 나타나느니라."

"또 상정진이여, 만일 선남자 선여인이 여래께서 열반한 뒤에 이 경전을 받아 지니고 읽거나 외우거나 해설하거나 옮겨 쓴다면, 천이백 가지 의식의 공덕을 얻을 것이니, 이 맑고 깨끗한 의식으로 한 게송이나 한 구절만을 듣고도 한량없고 가이없는 뜻을 통달하느니라. 이 뜻을 이해하고는 능히 한 구절, 한 게송을 한 달에서 넉 달 내지 일 년에 이르도록 연설하더라도, 모든 설한 바 법은 그 뜻과 이치에 따라 실상과 더불어 서로 위배되지 않으리라.

설사 세속의 경서와 세상을 다스리는 말과 살림
살이하는 일 등을 말하더라도 모두 정법에 순응하
며, 삼천대천세계의 육도 중생이 마음으로 행하는
것과 마음으로 움직이는 것과 마음으로 헛되이 논
하는 것을 모두 다 아느니라. 비록 무루의 지혜는
얻지 못하였으나 그의 의식은 이와 같이 맑고 깨
끗하므로, 이 사람이 사유하고 헤아리며 말하는 것
은 모두 부처님의 법이며, 진실하지 않은 것이 없
으며, 또한 과거의 부처님께서 경전에 설하신 바이
니라."

제20 상불경보살품

그때에 부처님께서 득대세보살마하살에게 말씀하셨습니다.

"그대는 지금 마땅히 알라. 만일 비구와 비구니와 우바새와 우바이로서 법화경을 지니는 사람을 나쁜 말로 욕설하거나 비방하면 큰 죄보를 받는 것이 앞에 말한 바와 같고, 얻는 공덕은 앞서 말한 대로 눈, 귀, 코, 혀, 몸, 의식이 맑고 깨끗하리라.

득대세여, 한량없고 가이없으며 불가사의한 아

승지 겁이 지난 아주 오랜 옛적에 부처님이 계셨으니, 이름이 위음왕여래, 응공, 정변지, 명행족, 선서, 세간해, 무상사, 조어장부, 천인사, 불세존이었으며, 겁의 이름은 이쇠요, 나라의 이름은 대성이었느니라.

그 위음왕부처님께서 그 세상에서 천신과 사람과 아수라를 위하여 법을 설하셨는데, 성문을 구하는 이에게는 네 가지 성스러운 법을 설하여 생로병사에서 벗어나 마침내 열반에 이르게 하셨으며, 벽지불을 구하는 이에게는 십이인연법을 설하셨으며, 모든 보살들에게는 아뇩다라삼먁삼보리를 위해서 육바라밀을 알맞게 설하시어 마침내 부처님의 지혜를 얻게 하느니라.

득대세여, 이 위음왕부처님의 수명은 사십만 억 나유타 항하사 겁이요, 정법이 세상에 머무는 겁의 수는 한 염부제의 티끌 수와 같으며, 상법이 세상에 머무는 겁의 수는 사천하의 티끌 수와 같았느니라. 그 부처님께서는 중생을 이롭게 하신 뒤에 열반하셨고, 정법과 상법이 다 없어진 후 이 국토에 다시 부처님께서 출현하셨으니, 역시 명호가 위음왕여래, 응공, 정변지, 명행족, 선서, 세간해, 무상사, 조어장부, 천인사, 불세존이었느니라.

이와 같이 차례로 이만 억 부처님께서 계셨으니 모두 동일한 이름이었느니라. 최초의 위음왕여래께서 열반에 드시고 나서 정법이 없어진 뒤 상법 동안에 교만이 높은 비구들이 큰 세력을 가지고 있었느니라. 그때에 한 보살 비구가 있었으니 이름이 상불경이었느니라.

득대세여, 무슨 인연으로 이름을 상불경이라 하는가 하면, 이 비구는 보이는 비구거나 비구니거나 우바새거나 우바이거나 모두에게 예배하고 찬탄하며 이렇게 말하였느니라. '저는 여러분들을 깊이 공경하며 감히 가벼이 여기거나 업신여기지 않습니다. 왜냐하면 여러분은 모두 보살의 도를 행하여 마땅히 부처님이 되실 분들이기 때문입니다.'

이 비구는 오로지 경전을 읽거나 외우지 않고 단지 예배만을 행하였으며, 심지어 멀리서 사부대중을 보면 일부러 따라가서 예배하고 찬탄하며 이렇게 말하였느니라. '저는 감히 여러분을 가벼이 여기지 않습니다. 여러분은 모두 부처님이 되실 분들이기 때문입니다.'

사부대중 가운데 화를 잘 내고 마음이 깨끗하지 못한 사람이 악한 입으로 욕하며 꾸짖기를 '이 무지한 비구야, 어디서 와서 자기가 우리들을 가벼이 여기지 않는다고 말하고, 우리에게 마땅히 부처님이 된다라고 수기를 주느냐? 우리들은 이와 같은 허망한 수기는 필요 없다.' 하였느니라.

이렇게 여러 해를 돌아다니며 항상 욕설과 꾸짖음을 당하여도 화를 내지 않으며 항상 '여러분은 마땅히 부처님이 되실 분들입니다.'라고 말하였느니라.

이런 말을 할 때에 사람들이 몽둥이와 기와와 돌을 던져 그를 때리면 멀리 피해 달아나면서 오히려 큰 소리로 외치기를 '저는 여러분들을 감히 가벼이 여기지 않습니다. 여러분은 마땅히 부처님이 되실 분들입니다.'라고 하였느니라.

그가 항상 이렇게 말하였기 때문에 교만이 높은 비구와 비구니와 우바새와 우바이들이 그를 일러 상불경이라 하였느니라. 이 비구가 임종하려 할 때 허공에서 위음왕부처님께서 옛적에 설하신 법화경 이십 천만 억 게송을 자세히 듣고는 모두 능히 받아 지니고, 곧 위와 같이 눈의 청정함과 귀와 코

와 혀와 몸과 의식의 청정함을 얻었느니라. 이 육
근의 청정함을 얻고는 다시 수명이 늘어나 이백만
억 나유타 세월 동안 널리 다른 사람들을 위하여
법화경을 설하였느니라.

이때 교만이 높은 사부대중으로 이 사람을 가볍
고 천하게 여기어 '불경'이라고 이름 지었던 비구
와 비구니와 우바새와 우바이들은 그가 큰 신통력
과 설법 잘하는 변재의 힘과 매우 선하고 고요한
힘을 얻은 것을 보고, 또 그가 말하는 것을 듣고는
모두 믿고 따르며 복종하였느니라.

이 보살은 다시 천만 억 중생을 교화하여 아뇩
다라삼먁삼보리에 머물게 하였느니라. 목숨을 마
친 후에는 이천억 부처님을 만났으니 모두 이름이
일월등명이시니라. 그 법 가운데서 이 법화경을 설
하였으며, 이런 인연으로 이천억 부처님을 만났으

니 다 같이 이름이 운자재등왕이시니라. 이 여러 부처님 법 가운데서 이 경전을 받아 지니고 읽고 외우며 사부대중을 위하여 설하였으므로 항상 눈이 청정하고, 귀와 코와 혀와 몸과 의식이 청정하여 사부대중 가운데서 법을 설하여도 마음에 두려움이 없었느니라.

득대세여, 이 상불경보살마하살이 이와 같이 많은 부처님들께 공양하고 공경하며 존중하고 찬탄하여 모든 선근을 심었으며, 그 뒤에 다시 천만 억 부처님들을 만나 또 부처님들의 법 가운데서 이 경전을 설하고 공덕이 이루어져서 마땅히 부처님이 되셨느니라.

득대세여, 그대는 어떻게 생각하느냐. 그때의 상불경보살이 어찌 다른 사람이겠는가. 바로 나의 이 몸이니라. 만일 내가 지난 세상에 이 경전을 받아 지니고 읽고 외우며 다른 사람을 위하여 설하지 않았다면 능히 아뇩다라삼먁삼보리를 빨리 얻지 못하였을 것이니라.

득대세여, 그때 사부대중인 비구와 비구니와 우바새와 우바이들은 성내는 마음으로 나를 가볍고 천하게 여기었으므로 이천억 겁 동안이나 항상 부처님을 만나지 못하고 법을 듣지도 못하였으며 스님들도 보지 못하였느니라. 천 겁을 아비지옥에서 큰 고통과 괴로움을 받았고 이 죄를 받고서야 다시 상불경보살을 만나 아뇩다라삼먁삼보리의 교화를 받았느니라.

득대세여, 그대는 어떻게 생각하느냐. 그때의 사부대중으로 항상 이 보살을 경멸하던 자가 어찌 다른 사람이겠는가. 지금 이 법회에 있는 발타바라 등 오백 보살과 사자월 등 오백 비구니와 사불 등 오백 우바새들로 모두 아뇩다라삼먁삼보리에서 물러가지 아니하는 경지에 오른 이들이니라.

득대세여, 마땅히 알라. 이 법화경은 보살마하살들을 크게 이롭게 하여 능히 아뇩다라삼먁삼보리에 이르게 하느니라. 그러므로 보살마하살들은 여래께서 열반한 뒤에 이 경전을 받아 지니고 읽고 외우며 해설하고 옮겨 써야 하느니라."

제21 여래신력품

그때에 땅 속에서 솟아올라온 천 세계의 티끌 수 같은 보살마하살들이 모두 부처님 앞에서 일심으로 합장하고 존안을 우러러보며 말씀드렸습니다.

"세존이시여, 저희는 부처님께서 열반하신 뒤에 세존의 분신이 계시는 국토와 열반하신 곳에서 마땅히 이 경전을 널리 설하겠습니다. 왜냐하면, 저희도 이 진실하고 깨끗한 큰 법을 얻어서 받아 지니고 읽고 외우며 해설하고 옮겨 쓰고 공양하고 싶기 때문입니다."

그때에 세존께서 문수사리 등 옛날부터 사바세계에 머물러 있던 한량없는 백천만 억 보살마하살과 모든 비구, 비구니, 우바새, 우바이와 천신, 용, 야차, 건달바, 아수라, 가루라, 긴나라, 마후라가, 사람, 사람 아닌 이 등의 일체 대중들 앞에서 큰 신통력으로 넓고 긴 혀를 내미시어 위로는 범천에 이르게 하시고, 모든 털구멍에서 한량없고 수 없는 빛깔의 광명을 놓아 모든 시방세계를 두루 비추시었습니다. 보배나무 아래의 사자좌에 계시던 부처님들도 또한 이와 같이 긴 혀를 내미시어 한량없는 빛을 놓으셨습니다.

석가모니부처님과 보배나무 아래 부처님들께서 신통력을 나타내시기를 백천 년을 채우신 뒤에야 혀를 거두시며, 일시에 큰 기침을 하시고 함께 손가락을 튕기시었습니다. 이 두 음성이 시방의 부처님들 세계에 두루 퍼지고 땅이 모두 여섯 가지로 진동하였습니다. 그 가운데 있는 중생으로서 천신, 용, 야차, 건달바, 아수라, 가루라, 긴나라, 마후라가, 사람과 사람 아닌 이들이 부처님의 신통력으로 말미암아 모두 이 사바세계의 한량없고 가이없는 백천만 억 보배나무 아래 사자좌에 계시는 부처님들을 보았고, 또 석가모니부처님께서 다보여래와 함께 보배탑 속의 사자좌에 앉아 계시는 것을 보았습니다.

또 한량없고 가이없는 백천만 억의 보살마하살과 사부대중들이 석가모니부처님을 공경하며 둘러싸고 있는 것을 보았습니다. 이를 보고 나서 모두 크게 기뻐하며 일찍이 없던 일을 얻었습니다.

그때 여러 천신들이 허공에서 큰 소리로 외쳤습니다.

"이 한량없고 가이없는 백천만 억 아승지 세계

를 지나서 한 나라가 있으니 이름이 사바요, 그 곳에 부처님이 계시니 이름이 석가모니이시다. 지금 보살마하살들을 위하여 대승경을 설하시니 이름이 묘법연화경이니라. 보살을 가르치는 법이며 부처님께서 보호하고 생각하시는 바이니, 그대들은 마땅히 깊은 마음으로 따라 기뻐하며 또한 마땅히 석가모니부처님께 예배하고 공양할지니라."

저 모든 중생이 허공에서 나는 소리를 듣고 사바세계를 향하여 합장하고 이렇게 말하였습니다.

'나무석가모니불, 나무석가모니불' 하며 갖가지 꽃과 향과 영락과 번기와 일산 그리고 온갖 몸을 장엄하는 장신구들과 진귀한 보물과 미묘한 물건들을 다 함께 사바세계에 흩었습니다. 흩어진 물건들이 시방으로부터 오는 것이 마치 구름이 모이듯 변하여 보배휘장이 되었으며 이 곳의 부처님들의 위를 두루 덮었습니다. 이때 시방세계가 훤히 트여 걸림이 없어져서 마치 하나의 부처님 국토 같았습니다.

　그때에 부처님께서 상행보살 등 보살대중에게 말씀하셨습니다.

　"모든 부처님의 신통력은 이와 같이 한량없고 가이없으며 불가사의 하느니라. 내가 이러한 신통력으로 한량없고 가이없는 백천만 억 아승지 겁 동안 부촉하기 위해서 이 경전의 공덕을 설할지라도 오히려 능히 다 할 수가 없느니라. 요약해서 말하자면, 여래의 모든 가르침과 여래의 모든 자재하신 신통력과 여래의 모든 비밀스럽고 중요한 법장과 여래의 모든 깊고 깊은 일들을 모두 이 경전에 펼쳐 보이며 드러내어 설하였느니라.

　그러므로 그대들은 여래께서 열반한 뒤에 마땅히 일심으로 받아 지니고 읽고 외우며 해설하고 옮겨 쓰며 말씀대로 수행할지니라. 그대들이 있는 국토에서 만일 받아 지니고 읽고 외우며 해설하고 옮겨 쓰며 말씀대로 수행한다면, 경전이 있는 곳이거나 동산이거나 숲속이거나 나무 아래거나 승방이거나 신도의 집이거나 전각이거나 산골짜기이거나 넓은 들판이라도 그곳에 모두 마땅히 탑을 세워 공양할지니라.

왜냐하면, 마땅히 알라. 이곳이 곧 도량이기 때문이니라. 모든 부처님들께서 이런 곳에서 아뇩다라삼먁삼보리를 얻으셨으며, 모든 부처님들께서 이런 곳에서 법륜을 굴리셨으며, 모든 부처님들께서 이런 곳에서 열반에 드셨기 때문이니라."

제22 촉루품

그때에 석가모니부처님께서 법좌에서 일어나 큰 신통력을 나타내시고 오른손으로 한량없는 보살마하살들의 이마를 만지시며 이렇게 말씀하셨습니다.

"내가 한량없는 백천만 억 아승지 겁 동안 이 얻기 어려운 아뇩다라삼먁삼보리의 법을 닦고 익힌 것을 이제 그대들에게 부촉하나니, 그대들은 마땅히 일심으로 이 법을 유포하여 더욱 널리 이익되게 하여라."

이와 같이 보살마하살들의 이마를 세 번 만지시며 이렇게 말씀하셨습니다.

"내가 한량없는 백천만 억 아승지 겁 동안 이 얻기 어려운 아뇩다라삼먁삼보리의 법을 닦고 익힌 것을 이제 그대들에게 부촉하나니, 그대들은 마땅히 이 법을 받아 지니고 읽고 외우며 널리 펴서, 일체 중생으로 하여금 널리 들어 알도록 하여라. 왜냐하면, 여래는 대자비가 있어 모든 것을 아끼거나 인색함이 없고 또한 두려울 것도 없으며, 능히 중생에게 부처님의 지혜와 여래의 지혜와 자연의 지혜를 주시므로 여래는 이 모든 중생의 큰 시주이니라. 그대들도 또한 응당 여래의 법을 따라 배워서 아끼거나 인색한 마음을 내지 말지니라.

오는 세상에 만일 여래의 지혜를 믿는 선남자 선여인이 있으면 마땅히 이 법화경을 연설하여 듣고 알게 할지니, 그 사람으로 하여금 부처님의 지혜를 얻도록 하기 위해서이니라. 만일 어떤 중생이 믿지 않고 받지 않는다면 마땅히 여래의 또 다른 깊은 법을 보여주고 가르쳐서 이롭고 기쁘게 하여라. 그대들이 만일 능히 이와 같이 할 수 있다면 곧 이미 모든 부처님의 은혜를 보답한 것이 되느니라."

이때 보살마하살들이 부처님의 이러한 말씀을 듣고 모두 큰 기쁨이 몸에 가득하여 더욱 공경하며 몸을 굽히고 머리를 숙여 부처님을 향하여 합장하고 다 함께 소리 내어 말하였습니다.

"세존께서 분부하신 바와 같이 마땅히 모두 받들어 행하겠습니다. 그러하오니, 세존이시여, 바라옵건대 염려하지 마시옵소서."

보살마하살들이 이와 같이 세 번이나 함께 소리 내어 말하였습니다.

"세존께서 분부하신 바와 같이 마땅히 모두 받

들어 행하겠습니다. 그러하오니, 세존이시여, 바라옵건대 염려하지 마시옵소서."

그때에 석가모니부처님께서 시방에서 오신 모든 분신 부처님들을 본국으로 돌아가게 하시려고 이렇게 말씀하셨습니다.

"부처님들께서는 각각 편안하신 대로 하시고, 다보부처님 탑도 돌아가시어 여여하소서."

이렇게 말씀하실 때 보배나무 아래의 사자좌에 앉아 계시던 시방의 한량없는 분신 부처님들과 다보부처님과 아울러 상행 등 가이없는 아승지의 보살대중과 사리불 등 성문의 사부대중 그리고 일체 세간의 천인과 아수라들이 부처님의 말씀을 듣고 모두 크게 기뻐하였습니다.

제23 약왕보살본사품

그때에 수왕화보살이 부처님께 말씀드렸습니다.
"세존이시여, 약왕보살은 어찌하여 사바세계를 다니십니까? 세존이시여, 이 약왕보살은 백천만억 나유타 동안 얼마나 어려운 수행과 고행을 하시었습니까? 거룩하신 세존이시여, 바라옵건대 간략하게 해설하여 주시옵소서. 여러 천신, 용, 야차, 건달바, 아수라, 가루라, 긴나라, 마후라가, 사람과 사람 아닌 이들과 다른 국토에서 온 보살들과 이곳 성문들이 들으면 모두 기뻐할 것입니다."

그때에 부처님께서 수왕화보살에게 말씀하셨습니다.

"지난 과거 한량없는 항하사 겁 전에 부처님이 계셨으니 명호는 일월정명덕여래, 응공, 정변지, 명행족, 선서, 세간해, 무상사, 조어장부, 천인사, 불세존이었느니라. 그 부처님에게는 팔십억 대보살마하살과 칠십이 항하사 대성문들이 있었느니라. 부처님의 수명은 사만 이천 겁이요, 보살의 수명도 역시 같았으며, 그 나라에는 여인과 지옥과 아귀와 축생과 아수라들과 온갖 어려움이 없었느니라. 땅은 손바닥같이 평평하고 유리로 이루어졌으며, 보배나무로 장엄하고 보배장막을 위에 덮었으며, 보배꽃의 번기를 드리우고, 보배병과 향로가 나라에 두루 가득하였느니라. 칠보로 누각을 삼되, 한 나무에 한 누각이며 나무에서 누각까지의 거리는 화살이 한 번 날아가는 거리였느니라. 이 보배나무들 아래에는 보살과 성문들이 앉았으며, 보배 누각들 위에는 각각 백억의 천인들이 하늘 음악을 연주하고 부처님을 찬탄하는 노래를 부르며 공양 하였느니라.

그때에 그 부처님께서 일체중생희견보살과 여러 보살들과 성문대중들을 위하여 법화경을 설하였 느니라. 이 일체중생희견보살은 고행을 즐겨 익히고 일월정명덕부처님의 법 가운데서 정진하고 경행 하여 일심으로 부처님이 되기를 구하였기에 만이천 년이 지나서 현일체색신삼매를 얻었느니라.

이 삼매를 얻고 크게 기뻐하며 이렇게 말하였느 니라. '내가 현일체색신삼매를 얻은 것은 모두 이 법 화경을 들은 힘이니, 내 이제 마땅히 일월정명덕부 처님과 법화경에 공양하리라.' 그리고 곧 삼매에 들 어 허공중에 만다라꽃과 마하만다라꽃과 미세한 가루의 굳고 검은 전단을 비 내리니 허공 가득히 구름처럼 내려오며, 또 해차안의 전단향을 비 내리니, 그 향은 육그램만으로도 가치가 사바세계와 맞먹는 것으로, 이것을 부처님께 공양하였느니라.

이렇게 공양을 마치고 삼매에서 일어나 스스로 생각하기를 '내가 비록 신통으로 부처님께 공양하였으나 몸으로 공양하는 것만 같지 못하리라.' 하고, 곧 전단과 훈육과 도루바와 필력가와 침수와 교향 등의 모든 향을 먹었느니라. 또 첨복 등 갖가지 꽃향유를 마시기를 천이백 년이 되도록 하였으며, 향유를 몸에 바르고 일월정명덕부처님 앞에서 하늘의 보배옷으로 자신의 몸을 감싸고 모든 향유를 몸에 부었느니라. 그리고 신통력과 원력으로 스스로 몸을 태우니, 광명이 팔십억 항하사 세계에 두루 비추었느니라.

그곳에 계시는 부처님들께서 동시에 찬탄하며 말씀하시길 '훌륭하고 훌륭하다. 선남자여, 이것이 진정한 정진이며, 이것을 이름하여 참으로 여래에게 법답게 공양하는 것이라 하느니라. 만일 꽃과 향과 영락과 사르는 향과 가루향과 바르는 향과 하늘의 비단으로 된 번기와 일산과 해차안의 전단향 등 이와 같은 갖가지 물건들로 공양하더라도 이에 능히 미치지 못하며, 가령 나라와 처자를 보시하더라도 또한 이에 능히 미치지 못하느니라.

선남자여, 이것을 제일가는 보시라 하며 모든 보시 중에 가장 존귀하고 으뜸이니, 법으로써 모든 여래를 공양하기 때문이니라.' 이런 말씀을 하시고는 모두들 묵묵히 계셨으며, 그의 몸이 일천 이백 년 동안 불타고 난 뒤에야 없어졌느니라.

일체중생희견보살이 이와 같이 법공양을 하고

목숨을 마친 뒤에 다시 일월정명덕부처님의 나라 가운데 정덕왕의 집에 결가부좌하고 홀연히 화생하여 곧 그의 아버지를 위하여 게송으로 말하였느니라.

대왕이여 아옵소서   전생나는 수행하여
모든몸을 나타내는   온갖색신 삼매얻고
부지런히 정진하여   내몸조차 버려가며
부처님께 공양하여   무상지혜 구했다네

이 게송을 마치고 아버지께 말씀드렸느니라.
'일월정명덕부처님께서는 지금도 여전히 계십니다. 저는 먼저 부처님께 공양하고 해일체중생어언다라니를 얻었습니다. 또 법화경의 팔백 천만 억 나유타, 견가라, 빈바라, 아촉바 등의 게송을 들었습니다. 대왕이시여, 제가 지금 마땅히 돌아가서 이 부처님께 공양하려 합니다.' 이렇게 말하고 곧 칠보로 된 좌대에 앉아 칠 다라수 높이의 허공으로 올라갔느니라. 그리고 부처님 계신 곳에 이르러 머리 숙여 발에 예배하고, 열 손가락을 모아 합장하고 게송으로 부처님을 찬탄하였느니라.

아름다운 세존께서 시방세계 비추시니
제가일찍 공양올려 지금다시 친견하네

그때에 일체중생희견보살이 이 게송을 마치고 부처님께 말씀드렸느니라.
'세존이시여, 세존께서는 아직도 세상에 계십니까?'
그때에 일월정명덕부처님께서 일체중생희견보살에게 이르시었느니라. '선남자야, 나는 열반할 때가 되었고 사라져 없어질 때가 되었느니라. 그대

들은 편안한 자리를 마련하여라. 나는 오늘 밤에 열반에 들 것이니라.'

다시 일체중생희견보살에게 분부하셨느니라.

'선남자여, 나는 부처님의 법으로써 그대에게 부촉하노라. 그리고 모든 보살과 큰 제자들과 아울러 아뇩다라삼먁삼보리의 법과 삼천대천의 칠보세계와 여러 보배나무와 보배누각과 시중드는 천신들을 모두 그대에게 맡기노라. 내가 열반한 뒤의 사리도 그대에게 부촉하노라. 마땅히 널리 유포시켜 공양하게 하며 응당 수천 개의 탑을 세우도록 하여라.'

이와 같이 일월정명덕부처님께서 일체중생희견보살에게 분부하시고는 늦은 밤에 열반에 드셨느니라.

그때에 일체중생희견보살은 부처님께서 열반

하시는 것을 보고 슬프고 괴로워하며 부처님을 몹시 그리워하여 곧 해차안전단을 쌓아서 부처님 몸에 공양하여 사르고, 불이 꺼진 뒤에 사리를 수습하여 팔만 사천 보배병을 만들어 팔만 사천 탑을 세우니, 높이가 삼 세계요, 당간을 장엄하고 번기와 일산들을 드리우고 여러가지 보배방울을 달았느니라.

그때에 일체중생희견보살이 다시 생각하였느니라. '내가 비록 이렇게 공양을 하였으나 마음은 여전히 흡족하지 못하니, 내 이제 마땅히 다시 사리에 공양하리라.' 하고 곧 보살들과 큰 제자들과 천신과 용과 야차 등 모든 대중에게 말하였느니라. '그대들도 마땅히 일심으로 생각하라. 내 이제 일월정명덕부처님의 사리에 공양하려 하노라.'

이렇게 말하고 곧 팔만 사천 탑 앞에서 백 가지 복으로 장엄한 팔을 칠만 이천 년 동안 태워 공양하고, 성문을 구하는 무수한 대중과 한량없는 아승지 사람들로 하여금 아뇩다라삼먁삼보리의 마음을 일으키게 하여 모두 현일체색신삼매에 머무르게 하였느니라.

그때에 모든 보살과 천신과 인간과 아수라들이 그의 팔이 없어진 것을 보고 근심하고 슬퍼하며 이렇게 말하였느니라. '이 일체중생희견보살은 우리들의 스승으로 우리들을 교화하시는 분이거늘 이제 팔을 태워 몸이 구족치 못하시도다.'

이때 일체중생희견보살이 대중 가운데서 이렇게 맹세하였느니라. '내가 두 팔을 버렸으나, 반드시 부처님의 금빛 몸을 얻을 것이다. 만일 진실하여 헛되지 않다면 나의 두 팔이 예전처럼 되돌아올 것이니라.'

이렇게 서원을 마치자 두 팔이 저절로 회복되었

으니, 이는 보살의 복덕과 지혜가 지극히 순수하고 두터웠기 때문이니라. 그때를 맞이하여 삼천대천세계는 여섯 가지로 진동하고 하늘에서는 보배 꽃비가 내려 모든 사람과 천신들은 일찍이 없었던 일을 얻었느니라."

부처님께서 수왕화보살에게 말씀하셨습니다.

"그대는 어떻게 생각하는가. 일체중생희견보살이 어찌 다른 사람이겠느냐? 지금의 약왕보살이니라. 그가 몸을 버리며 보시하기를 이와 같이 한량없는 백천만 억 나유타 수만큼이니라. 수왕화여, 만일 아뇩다라삼먁삼보리를 얻으려는 마음을 내는 사람이 능히 손가락이나 발가락 하나라도 태워서 부처님의 탑에 공양한다면, 나라나 처자 혹은 삼천대천국토의 산이나 숲이나 강이나 못이나 온갖 진귀한 보물로 공양하는 것보다 수승하느니라.

만일 다시 어떤 사람이 칠보로 삼천대천세계를 가득 채워 부처님과 대보살과 벽지불과 아라한들에게 공양하더라도 이 사람이 얻은 공덕은 이 법화경의 사구게 하나를 받아 지니는 것만 같지 못하니, 이 경전의 복이 가장 많기 때문이니라.

수왕화여, 비유하면 모든 시내와 개천과 강들의 모든 물 가운데서 바다가 제일이듯, 이 법화경 또한 이와 같아서 모든 여래께서 설하신 경전 가운데서 가장 깊고 위대하니라.

또 토산, 흑산, 소철위산, 대철위산과 십보산 등 모든 산 가운데서 수미산이 제일이듯, 이 법화경 또한 이와 같아서 모든 경전 가운데에서 으뜸이니라.

또 모든 별 가운데서 월천자가 가장 제일이듯이, 이 법화경 또한 이와 같아서 천만 억 종류의 모든 경전의 가르침 중에서 가장 밝게 빛나느니라.

또 일천자가 능히 모든 어둠을 없애듯이, 이 경전 또한 이와 같아서 능히 온갖 좋지 못한 어둠을 깨뜨리느니라.

또 모든 소왕들 가운데서 전륜성왕이 으뜸이듯이, 이 경전 또한 이와 같아서 모든 경전 가운데 가장 존귀하느니라.

또 제석천이 삼십삼천 가운데 왕이듯이, 이 경전 또한 이와 같아서 모든 경전 가운데 왕이니라.

또 대범천왕이 모든 중생의 아버지듯이, 이 경전 또한 이와 같아서 모든 어진 성인과 배우는 사람과 다 배운 사람과 보살의 마음을 낸 사람들의 아버지이니라.

또 모든 범부들 중에서 수다원, 사다함, 아나함, 아라한, 벽지불이 제일이듯이, 이 경전 또한 이와 같아서 모든 여래께서 설하시고 혹은 보살이 설하고 혹은 성문이 설한 모든 경전의 가르침 중에서 으뜸이니라.

또 이 경전을 받아 지니는 사람 또한 이와 같아서 모든 중생 가운데 또한 제일이니라. 모든 성문, 벽지불 가운데 보살이 제일이듯이, 이 경전 또한 이와 같아서 일체 모든 경전의 가르침 중에서 제일이 되느니라.

부처님께서 모든 법의 왕이시듯, 이 경전 또한 이와 같아서 모든 경전 가운데 왕이니라.

수왕화여 이 경전은 능히 모든 중생을 구원하며, 이 경전은 능히 모든 중생으로 하여금 온갖 고뇌를 여의게 하며, 이 경전은 능히 모든 중생을 크게 이롭게 하여 그 소원을 만족시켜 주느니라. 마치 맑고 시원한 못이 능히 모든 목마른 사람들을 만족시키는 것과 같으며, 마치 추운 사람이 불을 얻은 것과 같으며, 마치 헐벗은 사람이 옷을 얻은 것과 같으며, 마치 상인이 물건의 주인을 만난 것과 같으며, 마치 자식이 어머니를 만난 것과 같으며, 마치 물을 건너갈 배를 만난 것과 같으며, 마치 병든 이가 의사를 만난 것과 같으며, 마치 어둠 속에서 등불을 얻은 것과 같으며, 마치 가난한 이가 보물을 얻은 것과 같으며, 마치 백성이 임금을 만난 것과 같으며, 마치 장사하는 사람이 바다를 만나는 것과 같으며, 마치 횃불이 어두움을 없애는 것과 같느니라. 이 법화경 또한 이와 같아서 능히 중생으로 하여금 모든 고통과 모든 병의 아픔을 여의게 하고 능히 모든 생사의 속박을 풀어주느니라.

만일 어떤 사람이 이 법화경을 듣고 스스로 쓰거나 남을 시켜서 쓰게 한다면 그 얻은 공덕은 부처님의 지혜로 많고 적음을 헤아려도 그 끝을 알 수 없느니라. 만일 이 경전을 쓰고 꽃과 향과 영락과, 사르는 향과 가루향, 바르는 향과 번기와 일산과 갖가지 등인 우유등, 기름등, 온갖 향유등, 첨복 기름등, 수만나기름등, 바라라기름등, 바리사가기름등, 나바마리기름등으로 공양하면 그 얻는 공덕 또한 한량없느니라.

수왕화여, 만일 어떤 사람이 이 약왕보살본사품을 들으면 또한 한량없고 가이없는 공덕을 얻을 것이며, 만일 어떤 여인이 이 약왕보살본사품을 능히 받아 지니면 여인의 몸이 다 한 후에 다시는 받지 아니하리라. 만약 여래께서 열반한 뒤 후오백년에 어떤 여인이 이 경전을 듣고 설한 대로 수행한다면, 여기서 목숨을 마치고 곧 안락세계의 아미타불이 대보살들에게 둘러싸인 곳에 가서 연꽃 속의 보배자리 위에 태어나느니라. 다시는 탐욕의 괴로움도 없고 다시는 성냄과 어리석음의 괴로움도 없으며, 다시는 교만과 질투 등 온갖 번뇌의 괴로움도 없으리라.

보살의 신통과 불생불멸의 지혜를 얻고 이 진리를 깨닫고는 눈이 청정하게 되며, 이 청정한 눈으로 칠백 이천만 억 나유타 항하사 같은 부처님 여래들을 친견하리라."

이때 부처님들께서 멀리서 함께 칭찬하셨습니다.

"훌륭하고 훌륭하다, 선남자여. 그대가 능히 석가모니부처님 법 가운데서 이 경전을 받아 지니고 읽고 외우고 사유하여 다른 사람을 위해 설하면, 얻는 복덕이 한량없고 가이없어서 불로 능히 태울 수 없고 물에도 능히 떠내려가지 않을 것이니, 그대의 공덕은 천 분의 부처님들께서 함께 말씀하여도 능히 다할 수 없느니라. 그대는 이제 모든 마구니를 능히 깨뜨렸으며, 생사의 군대를 파괴하였으며, 모든 원수와 적들을 모두 다 꺾어 없애 버렸느니라.

선남자여, 백천 분의 부처님께서 신통력으로 그대를 수호하리니 일체 세간의 천신과 사람 가운데 그대와 같은 이는 없으리라. 오직 여래를 제외하고는 여러 성문과 벽지불과 보살의 지혜와 선정으로는 그대와 같은 이가 없느니라.

수왕화여, 이 보살은 이와 같은 공덕과 지혜의 힘을 성취하였느니라. 만일 어떤 사람이 이 약왕보살본사품을 듣고 능히 따라 기뻐하고 거룩하다고 찬탄한다면, 이 사람은 현세에서 입으로부터 항상 푸른 연꽃의 향기가 나고, 몸의 털구멍에서는 항상 우두전단의 향기가 나며, 그가 얻는 공덕은 위에서 말한 것과 같느니라.

그러므로 수왕화여, 이 약왕보살본사품을 그대에게 부촉하노니, 내가 열반한 뒤 후오백년에 널리 염부제에 유포하여 끊어지지 않게 하여라. 악한 마구니와 마구니의 백성과 천신과 용과 야차와 구반다 등이 이 경전을 이용하지 못하게 하여라.

수왕화여, 그대는 마땅히 신통력으로 이 경전을 수호해야 하느니라. 왜냐하면, 이 경전은 염부제 사람들의 병에 좋은 약이 되기 때문이니라. 만일 병든 사람이 이 경전을 들으면 병은 곧 소멸하고 늙지도 않고 죽지도 않을 것이니라.

수왕화여, 그대가 만일 이 경전을 받아 지니고 있는 사람을 보거든 응당 푸른 연꽃에 가루향을 가득히 담아 그 사람 위에 흩어 공양할지니, 흩고는 이렇게 생각하여라. '이 사람은 오래지 않아 반드시 풀을 깔고 도량에 앉아서 모든 마구니를 깨뜨리며, 마땅히 법의 소라를 불고 큰 법의 북을 두드려서 모든 중생을 늙고 병들고 죽는 바다에서 건져내어 벗어나게 할 것이니라.' 그러므로 불도를 구하는 사람이라면 이 경전을 받아 지니고 있는 사람을 보거든 마땅히 이와 같이 공경심을 내어야 하느니라."

이 약왕보살본사품을 설하실 때에 팔만사천 보살들이 해일체중생어언다라니를 얻었으며, 다보여래께서도 보탑 속에서 수왕화보살을 찬탄하셨습니다.

"훌륭하고 훌륭하다, 수왕화여. 그대는 불가사의한 공덕을 성취하고 능히 석가모니부처님께 이와 같은 일을 여쭈어서 한량없는 모든 중생을 이롭게 하였느니라."

제24 묘음보살품

그때에 석가모니부처님께서 대성인의 모습으로 육계에서 광명을 놓으시고 미간 백호상에서 광명을 놓아 동방으로 백팔만 억 나유타 항하사의 부처님 세계를 두루 비추셨습니다. 이러한 수많은 세계를 지나서 정광장엄이라는 세계가 있으며 그 세계에 부처님이 계시니, 명호는 정화수왕지여래, 응공, 정변지, 명행족, 선서, 세간해, 무상사, 조어장부, 천인사, 불세존이었습니다. 한량없고 가이없는 보살대중에게 둘러싸여 공경을 받으시며 법을 설하시는데, 석가모니부처님의 백호 광명이 그 국토를 두루 비추었습니다.

그때에 모든 정광장엄 세계에 한 보살이 있으니 이름이 묘음이라, 오랫동안 온갖 덕의 근본을 심었으며, 한량없는 백천만 억 부처님을 공양하고 친근하여 매우 깊은 지혜를 모두 성취하였고, 묘당상삼매와 법화삼매, 정덕삼매, 수왕희삼매, 무연삼매, 지인삼매, 해일체중생어언삼매, 집일체공덕삼매, 청정삼매, 신통유희삼매, 혜거삼매, 장엄왕삼매, 정광명삼매, 정장삼매, 불공삼매, 일선삼매를 얻었습니다. 이와 같이 백천만 억 항하사 같은 모든 큰 삼매를 얻었습니다.

석가모니부처님의 광명이 그의 몸에 비추자 곧 정화수왕지부처님께 여쭈었습니다.

"세존이시여, 제가 마땅히 사바세계에 가서 석

가모니부처님께 예배하고 친근하고 공양하며 또 문수사리법왕자보살과 약왕보살과 용시보살과 수왕화보살과 상행의보살과 장엄왕보살과 약상보살을 친견하고자 합니다."

그때에 정화수왕지부처님께서 묘음보살에게 말씀하셨습니다.

"그대는 저 국토를 업신여겨서 하열하다고 생각하지 말라. 선남자여, 저 사바세계는 높고 낮아서 평평하지 못하고, 흙과 돌과 여러 산에는 더러움과 나쁜 것이 가득 차 있으며, 부처님의 몸은 보잘것없이 작고 보살들의 형상 역시 왜소하니라. 그런데 그대의 몸은 사만 이천 유순이요, 나의 몸은 육백 팔십만 유순이라. 그대의 몸은 매우 단정하여 백천 만 가지의 복덕과 광명이 뛰어나고 미묘하느니라. 그러므로 그대가 가더라도 저 국토를 업신여기지 말고, 부처님이나 보살과 국토에 대하여도 하열하다는 생각을 하지 말라."

묘음보살이 정화수왕지부처님께 말씀드렸습니다.
"세존이시여, 제가 지금 사바세계에 가는 것은
모두 여래의 힘이며, 여래의 신통유희이며, 여래의
공덕과 지혜장엄입니다."

이에 묘음보살은 자리에서 일어나지도 않고 몸
을 움직이지도 않은 채 삼매에 들었습니다. 삼매의
힘으로 기사굴산으로 간 후 법좌에서 멀지 않은
곳에 팔만사천의 보배연꽃을 변화하여 만드니, 염
부단금은 줄기가 되고, 백은은 잎이 되고, 금강은
꽃술이 되고, 견숙가 보배는 받침이 되었습니다.

그때에 문수사리법왕자가 이 연꽃을 보고 부처
님께 말씀드렸습니다.

"세존이시여, 무슨 인연으로 이러한 상서가 먼
저 나타나는 것입니까? 수많은 천만 가지의 연꽃

들이 염부단금은 줄기가 되고, 백은은 잎이 되고, 금강은 꽃술이 되고, 견숙가 보배는 받침이 되었나이다!"

그때에 석가모니부처님께서 문수보살에게 말씀하셨습니다.

"이것은 묘음보살마하살이 정화수왕지부처님 세계에서 팔만사천 보살에게 둘러싸여 이 사바세계로 와서 나에게 공양하고 친근하고 예배하려는 것이며, 또 법화경에 공양하고 들으려고 하는 것이니라."

문수사리가 부처님께 말씀드렸습니다.

"세존이시여, 이 보살은 어떤 선한 근본을 심었으며, 어떤 공덕을 닦아서 능히 이렇게 큰 신통력이 있으며, 어떤 삼매를 행하십니까? 원하옵건대 저희를 위하여 이 삼매의 이름을 말씀하여 주십시오. 저희들도 또한 부지런히 수행하고자 하옵니다. 이 삼매를 닦아 능히 이 보살의 모습이 크고 작음과 가고 머무는 위의를 보고자 하오니 오직 바라옵건대 세존이시여, 신통력으로 저 보살이 오는 것을 저희도 볼 수 있게 하옵소서."

그때에 석가모니부처님께서 문수사리에게 말씀하셨습니다.

"여기 오래전에 열반하신 다보여래께서 마땅히 그대들을 위하여 그 모습을 나타나게 하시리라."

이때 다보부처님께서 저 보살에게 말씀하셨습니다.

"선남자여, 오너라. 문수사리법왕자가 그대의 몸을 보고자 하느니라."

이때 묘음보살이 저 국토를 떠나 팔만사천 보살들과 함께 오는데, 지나오는 나라마다 여섯 가지로 진동하고 모두 칠보로 된 연꽃을 비 내리고 백천의 하늘 음악들이 두드리지 않았는데도 저절로 울려 퍼졌습니다. 이 보살은 눈이 광대하기가 푸른 연꽃잎과 같으며, 백천만의 달을 화합하더라도 그 얼굴의 단정하기가 이보다 더 나았습니다. 몸은 황금색으로 한량없는 백천의 공덕으로 장엄하였으며, 위엄과 덕이 대단하여 광명이 밝게 빛나며, 모든 모습을 구족하여 마치 나라연의 견고한 몸과 같았습니다.

칠보로 된 좌대에 들어가 허공에 오르니, 땅과의 거리가 칠다라수나 되었으며, 여러 보살 대중이 공경히 둘러싸서 이 사바세계의 기사굴산에 이르렀습니다. 도착해서는 칠보로 된 좌대에서 내려와 백천이나 되는 가치의 영락을 가지고 석가모니부처님의 처소에 이르러 머리를 숙여 발에 예배하고 영락을 받들어 올리며 부처님께 말씀드렸습니다.

"세존이시여, 정화수왕지부처님께서 세존께 문안드리었습니다. '조그마한 병도 없으시고 조그마한 번거로움도 없으시며, 지내시기는 편안하시고 안락하게 지내십니까? 사대가 조화롭고 화평하십니까? 세상의 일은 견디실 만하십니까? 중생을 제도하기는 쉬우십니까? 중생의 탐욕과 성냄과 어리석음과 질투와 인색함과 교만함은 많지 않습니까? 부모에게 불효하고 사문을 공경하지 않으며 삿된 소견과 착하지 못한 마음은 없습니까? 중생의 다섯 가지 정욕은 거두어들였습니까?

세존이시여, 중생이 능히 마구니와 원수를 항복시킵니까? 오래전에 열반하신 다보여래께서도 칠보탑 안에 계시면서 법을 들으러 오십니까?'

또 다보부처님께도 문안드리길 '편안하고 번거로움이 없으시며 참고 견디시어 오래 계실 만하십니까?' 하시었습니다. 세존이시여, 제가 지금 다보부처님의 몸을 뵙고자 하오니, 오직 바라옵건대 세존께서는 제가 친견할 수 있게 해주시옵소서."

이때 석가모니부처님께서 다보부처님께 말씀하셨습니다.

"이 묘음보살이 뵙고자 합니다."

이때 다보부처님께서 묘음에게 말씀하셨습니다.

"훌륭하고 훌륭하다, 그대가 능히 석가모니부처님께 공양하고 법화경을 듣고 아울러 문수사리 등을 보려고 이곳으로 왔구나."

그때에 화덕보살이 부처님께 말씀드렸습니다.

"세존이시여, 이 묘음보살은 무슨 선근을 심었으며 어떤 공덕을 닦았기에 이런 신통력이 있습니까?"

부처님께서 화덕보살에게 말씀하셨습니다.

"과거에 부처님이 계셨으니 이름이 운뇌음왕, 다타아가도, 아라하, 삼먁삼불타였으며 나라의 이름은 현일체세간이고 겁의 이름은 희견이었느니라. 묘음보살이 만 이천 년 동안 십만 가지 기악으로 운뇌음왕부처님께 공양하였고, 아울러 팔만사천 칠보로 된 발우를 받들어 올렸느니라. 이러한 인연의 과보로 지금 정화수왕지부처님 나라에 태어나 이런 신통력이 있느니라.

화덕이여, 그대는 어떻게 생각하느냐? 그때의 운뇌음왕부처님 처소에서 묘음보살로서 기악으로 공양하고 보배그릇을 받들어 올린 이가 어찌 다른 사람이겠는가. 지금 여기의 이 묘음보살마하살이니라.

화덕이여, 이 묘음보살은 일찍이 한량없는 부처님을 공양하고 친견하여 오래도록 덕의 근본을 심었으며, 또 항하사 같은 백천만 억 나유타 부처님을 만났느니라. 화덕이여, 그대는 다만 묘음보살의 몸이 여기에만 있다고 보겠지만, 이 보살은 갖가지 몸을 나타내어 곳곳에서 모든 중생을 위하여 이 경전을 설하느니라. 그리하여 혹은 범천왕의 몸으로 나타나며, 혹은 제석천의 몸으로 나타나며, 혹은 자재천의 몸으로 나타나며, 혹은 대자재천의 몸으로 나타나며, 혹은 천대장군의 몸으로 나타나며, 혹은 비사문천왕의 몸으로 나타나며, 혹은 전륜성왕의 몸으로 나타나며, 혹은 여러 작은 왕의 몸으로 나타나며, 혹은 장자의 몸으로 나타나며, 혹은 거사의 몸으로 나타나며, 혹은 관리의 몸으로 나타나며, 혹은 바라문의 몸으로 나타나며, 혹은 비구, 비구니, 우바새, 우바이의 몸으로 나타나며, 혹은 장자와 거사의 부인의 몸으로 나타나며, 혹은 관리의 부인의 몸으로 나타나며, 혹은 바라문의 부인의 몸으로 나타나며, 혹은 동남, 동녀의 몸으로 나타나며, 혹은 천신, 용, 야차, 건달바, 아수라, 가루라, 긴나라, 마후라가, 사람과 사람 아닌 이들의 몸으로 나타나서 이 경전을 설하며, 모든 지옥, 아귀, 축생들과 온갖 어려운 곳에서도 모두를 능히 구제하며, 나아가 왕의 후궁에서 여인의 모습으로 변화하여 이 경전을 설하느니라.

화덕이여, 이 묘음보살은 능히 사바세계의 모든 중생을 구호하는 분이니라. 이 묘음보살이 이와 같이 갖가지로 변화하는 몸을 나타내어 사바세계에 있으면서 중생을 위하여 이 경전을 설하지만, 신통변화와 지혜는 줄어들지 않느니라. 이 보살은 약간의 지혜로 사바세계를 밝게 비추어 모든 중생으로 하여금 알게 하고, 시방의 항하사 같은 세계에서도 역시 이와 같이 하느니라. 만일 응당 성문의 모습으로 제도할 이에게는 성문의 모습을 나타내어 법을 설하고, 응당 벽지불의 모습으로 제도할 이에게는 벽지불의 모습을 나타내어 법을 설하고, 응당 보살의 모습으로 제도할 이에게는 보살의 모습을 나타내어 법을 설하고, 응당 부처님의 모습으로 제도할 이에게는 부처님의 모습을 나타내어 법을 설하느니라. 이와 같이 갖가지로 응당 제도할 바에 따라서 모습을 나타내며, 나아가 응당 열반으로 제도할 이에게는 열반을 나타내어 보이느니라. 화덕이여, 묘음보살마하살이 큰 신통과 지혜의 힘을 성취한 일이 이와 같느니라."

그때에 화덕보살이 부처님께 말씀드렸습니다.
"세존이시여, 이 묘음보살은 깊은 선근을 심었습니다. 세존이시여, 이 보살은 어떤 삼매에 머무르기에 능히 이와 같이 있는 곳마다 변화하여 나타나서 중생을 제도하여 해탈하게 합니까?"
부처님께서 화덕보살에게 말씀하셨습니다.
"선남자여, 그 삼매의 이름은 현일체색신이니,

묘음보살이 그 삼매에 머무르기에 능히 이와 같이 한량없는 중생을 이롭게 하느니라."

이 묘음보살품을 설하실 때 묘음보살과 함께 왔던 팔만 사천 사람들은 모두 현일체색신삼매를 얻었고, 이 사바세계의 한량없는 보살들도 역시 이 삼매와 다라니를 얻었습니다.

그때에 묘음보살마하살이 석가모니부처님과 다보부처님의 탑에 공양을 마치고 본국으로 다시 돌아가니, 지나가는 국토마다 여섯 가지로 진동하고 보배연꽃이 비 내리며 백천만 억의 갖가지 기악이 울리었습니다. 본국에 도착해서는 팔만 사천 보살들에게 둘러싸여 정화수왕지부처님이 계신 곳에 이르러 부처님께 말씀드렸습니다.

"세존이시여, 제가 사바세계에 가서 중생을 이롭게 하였으며, 석가모니부처님을 친견하고 다보부처님의 탑도 친견하고 예배하며 공양하였습니

다. 또 문수사리법왕자보살을 보았으며, 약왕보살
과 득근정진력보살과 용시보살 등을 만났습니다.
또한 이 팔만 사천의 보살들로 하여금 현일체색신
삼매를 얻게 하였습니다."

　이 묘음보살래왕품을 설할 때 사만 이천의 천자
들이 불생불멸의 지혜를 얻었고, 화덕보살은 법화
삼매를 얻었습니다.

제25 관세음보살보문품

그때에 무진의보살이 자리에서 일어나 오른쪽 어깨를 드러내고 합장하며 부처님을 향하여 이렇게 말씀드렸습니다.

"세존이시여, 관세음보살은 무슨 인연으로 이름을 관세음이라 하나이까?"

부처님께서 무진의보살에게 말씀하셨습니다.

"선남자여, 만일 한량없는 백천만 억 중생이 모든 괴로움을 받을 적에 이 관세음보살의 이름을 듣고 일심으로 그 이름을 부르면, 관세음보살이 곧 그 음성을 관찰하고 모두 해탈을 얻게 하느니라.

　만일 이 관세음보살의 이름을 지니고 있는 사람은 설사 큰불에 들어가더라도 불이 능히 태우지 못하나니, 이 보살의 위신력 때문이니라. 만일 큰물에 떠내려가더라도 그 이름을 부르면 곧 얕은 곳에 닿게 되느니라. 가령 백천만 억 중생이 금, 은, 유리, 자거, 마노, 산호, 호박, 진주 등의 보배를 구하려고 큰 바다에 들어갔다가 폭풍이 불어서 그 배가 나찰 귀신의 나라에 표류할 적에 그 가운데 한 사람이라도 관세음보살의 이름을 부르는 이가 있으면 이 모든 사람들이 다 나찰의 환란에서 벗어나게 되나니, 이러한 인연으로 관세음이라 이름하느니라.

　만일 또 어떤 사람이 피해를 입게 되었을 적에 관세음보살의 이름을 부르면 저들이 가진 칼과 몽

둥이가 조각조각 부서져서 벗어나게 되느니라. 만일 삼천대천 국토에 가득한 야차와 나찰이 와서 사람을 괴롭히려 하더라도 그 사람이 관세음보살의 이름을 부르는 것을 들으면 이 악귀들이 감히 악한 눈으로 그를 쳐다보지도 못하거늘 하물며 다시 해칠 수가 있겠느냐? 설사 또 어떤 사람이 죄가 있거나 죄가 없거나 수갑과 쇠사슬로 그의 몸을 얽어 묶더라도 관세음보살의 이름을 부르면 모두 끊어지고 부서져서 곧 벗어나게 되느니라.

만일 삼천대천국토에 원수와 도적들이 가득 찼는데, 어떤 주인이 여러 상인들을 데리고 귀중한 보물을 지닌 채 험난한 길을 지나갈 적에 그 중 한 사람이 '선남자들이여, 두려워하지 말고 그대들은 일심으로 관세음보살의 이름을 부르시오. 이 보살님은 마땅히 중생의 두려움을 없애주시나니, 그대

들이 만일 이름을 부르면 이 원수와 도적들에게서
당연히 벗어나게 되리라.' 하여 여러 상인들이 듣
고 함께 소리를 내어 '나무관세음보살' 하고 이름
을 부른 까닭으로 곧 그곳에서 벗어나게 되느니라.
무진의여, 관세음보살마하살의 위신력이 이와 같
이 높고 높으니라.

만일 어떤 중생이 음욕이 많더라도 항상 관세음
보살을 생각하고 공경하면 문득 음욕을 여의게 되
고, 만일 성내는 마음이 많더라도 항상 관세음보살
을 생각하고 공경하면 문득 성내는 마음을 여의게
되고, 만일 어리석은 마음이 많더라도 항상 관세음
보살을 생각하고 공경하면 곧 어리석은 마음을 여
의게 되느니라.

무진의여, 관세음보살은 이와 같은 큰 위신력이
있어서 이로움을 많이 주느니라. 그러므로 중생은
응당 항상 마음으로 생각할지니라.

만일 어떤 여인이 아들 낳기를 원하여 관세음보살에게 예배하고 공양하면 곧 복덕과 지혜가 있는 아들을 낳게 되고, 딸 낳기를 원하면 곧 단정하고 어여쁜 딸을 낳으리니, 전생에 덕의 근본을 심었으므로 많은 사람들이 사랑하고 공경할 것이니라. 무진의여, 관세음보살은 이와 같은 힘이 있느니라.

　만일 어떤 중생이 관세음보살께 공경하고 예배하면 복을 헛되게 버리지 않을 것이니, 그러므로 중생은 모두 응당 관세음보살의 이름을 받아 지닐지니라.

　무진의여, 만일 어떤 사람이 육십이억 항하사 같은 보살의 이름을 받아 지니고 또 몸이 다하도록 음식과 의복과 침구와 의약으로 공양한다면 그대는 어떻게 생각하느냐. 이 선남자 선여인의 공덕이 많겠느냐?"

무진의보살이 대답하였습니다.

"매우 많습니다, 세존이시여."

부처님께서 말씀하셨습니다.

"만일 또 어떤 사람이 관세음보살의 이름을 받아 지니고 한때만이라도 예배하고 공양하면, 이 두 사람의 복이 똑같고 다름이 없어서 백천만 억겁에 이르러도 다할 수 없으리라. 무진의여, 관세음보살의 이름을 받아 지니면 이와 같이 한량없고 가이없는 복덕의 이익을 얻느니라."

무진의보살이 부처님께 말씀드렸습니다.

"세존이시여, 관세음보살은 어떻게 이 사바세계에 다니며, 어떻게 중생을 위하여 법을 설하며, 방편의 힘으로 하시는 그 일은 어떠하십니까?"

부처님께서 무진의보살에게 말씀하셨습니다.

"선남자여, 만일 어떤 국토의 중생을 응당 부처

님의 몸으로 제도할 이에게는 관세음보살이 곧 부처님의 몸을 나타내어 법을 설하고, 응당 벽지불의 몸으로 제도할 이에게는 곧 벽지불의 몸을 나타내어 법을 설하고, 응당 성문의 몸으로 제도할 이에게는 곧 성문의 몸을 나타내어 법을 설하느니라.

응당 범왕의 몸으로 제도할 이에게는 곧 범왕의 몸을 나타내어 법을 설하고, 응당 제석천의 몸으로 제도할 이에게는 곧 제석천의 몸을 나타내어 법을 설하고, 응당 자재천의 몸으로 제도할 이에게는 곧 자재천의 몸을 나타내어 법을 설하고, 응당 대자재천의 몸으로 제도할 이에게는 곧 대자재천의 몸을 나타내어 법을 설하고, 응당 천대장군의 몸으로 제도할 이에게는 곧 천대장군의 몸을 나타내어 법을 설하고, 응당 비사문의 몸으로 제도할 이에게는 곧 비사문의 몸을 나타내어 법을 설하느니라.

응당 작은 왕의 몸으로 제도할 이에게는 곧 작

은 왕의 몸을 나타내어 법을 설하고, 응당 장자의 몸으로 제도할 이에게는 곧 장자의 몸을 나타내어 법을 설하고, 응당 거사의 몸으로 제도할 이에게는 곧 거사의 몸을 나타내어 법을 설하고, 응당 재상의 몸으로 제도할 이에게는 곧 재상의 몸을 나타내어 법을 설하고, 응당 바라문의 몸으로 제도할 이에게는 곧 바라문의 몸을 나타내어 법을 설하느니라.

응당 비구, 비구니, 우바새, 우바이의 몸으로 제도할 이에게는 곧 비구, 비구니, 우바새, 우바이의 몸을 나타내어 법을 설하고, 응당 장자, 거사, 재상, 바라문 부인의 몸으로 제도할 이에게는 곧 그 부인의 몸을 나타내어 법을 설하고, 응당 동남, 동녀의 몸으로 제도할 이에게는 곧 동남, 동녀의 몸을 나타내어 법을 설하느니라.

응당 천신, 용, 야차, 건달바, 아수라, 가루라, 긴나라, 마후라가, 사람과 사람 아닌 이들의 몸으로 제도할 이에게는 다 그들의 몸을 나타내어 법을 설하고, 응당 집금강의 몸으로 제도할 이에게는 곧 집금강의 몸을 나타내어 법을 설하느니라.

무진의여, 이 관세음보살은 이와 같은 공덕을 성취하여 갖가지 형상으로 여러 국토에 다니면서 중생을 제도하여 해탈케 하느니라. 그러므로 그대들은 마땅히 한결같은 마음으로 관세음보살께 공양해야 하느니라. 이 관세음보살마하살은 두렵고 위급한 재난 가운데서 능히 두려움을 없애 주시니, 이 사바세계에서 모두 그를 일러 '두려움을 없애주는 분'이라 하느니라."

무진의보살이 부처님께 말씀드렸습니다.

"세존이시여, 제가 이제 마땅히 관세음보살께 공양하겠습니다." 하고는 곧 목에 걸었던 백천냥

금 가치의 온갖 보배구슬과 영락을 풀어 바치며 이렇게 말하였습니다.

"어진 분이시여, 이 법으로 보시하는 귀한 보배와 영락을 받아 주시옵소서."

이때 관세음보살께서는 기꺼이 받으려 하지 않으므로 무진의가 다시 관세음보살께 말하였습니다.

"어진 분이시여, 저희를 어여삐 여기시어 이 영락을 받아주시옵소서."

그때에 부처님께서 관세음보살에게 말씀하셨습니다.

"마땅히 이 무진의보살과 사부대중과 천신, 용, 야차, 건달바, 아수라, 가루라, 긴나라, 마후라가, 사람과 사람 아닌 이들을 어여삐 여겨서 이 영락을 받을지니라."

즉시 관세음보살이 사부대중과 천신, 용, 사람과 사람 아닌 이들을 어여삐 여겨서 그 영락을 받아 두 몫으로 나누어 한 몫은 석가모니부처님께 바치고, 한 몫은 다보불탑에 바치었습니다.

"무진의여, 관세음보살은 이와 같이 자재한 신통력이 있어서 사바세계에 다니느니라."

그때에 무진의보살이 게송으로 여쭈었습니다.

묘한상호 갖춘세존 제가다시 묻사오니
불자어떤 인연있어 관음이라 부릅니까

거룩한 모습 갖추신 세존께서 게송으로 무진의에게 대답하시었습니다.

그대이제 잘들어라 관세음의
높은덕은 곳곳마다 두루응해
큰서원이 바다같이 깊고깊어

억겁토록 헤아리기 어려우나
천만억겁 부처님을 섬기면서
크고맑은 큰서원을 세웠노라

내가이제 그대에게 말하노니
그이름과 그모습을 듣고보고
지극한그 마음으로 생각하면
모든세상 괴로움을 소멸하리

어떤이가 해치려는 생각품고
불구덩에 떠밀어서 떨어져도
관세음을 생각하는 거룩한힘
불구덩이 연못으로 변화되리

큰바다에 표류되어 흘러가다
용과고기 귀신의난 만났어도

관세음을 생각하는 거룩한힘
성난파도 잠재워서 안온하리

수미산의 봉우리에 있을적에
어떤이가 떠밀어서 떨어져도
관세음을 생각하는 거룩한힘
해와같이 허공중에 머무르며

혹흉악한 악인에게 쫓겨가다
금강산의 험한곳에 떨어져도
관세음을 생각하는 거룩한힘
털끝하나 손상되지 않으리라

원수들과 도적들이 둘러싸서
칼을들고 해치려고 하더라도
관세음을 생각하는 거룩한힘

그들에게 자비심이 생겨나고

어쩌다가 나라법에 잘못걸려
형벌받아 칼끝앞에 서게되도
관세음을 생각하는 거룩한힘
칼날들이 조각조각 부서지네

감옥속에 갇히어서 큰칼쓰고
손과발이 형틀묶여 있더라도
관세음을 생각하는 거룩한힘
그힘으로 시원스레 벗어나리

주문하고 저주하며 독약으로
나의몸을 해치려고 하더라도
관세음을 생각하는 거룩한힘
도리어그 사람에게 돌아가리

악한나찰 독룡들과 여러귀신
이내몸을 해치려고 하더라도
관세음을 생각하는 거룩한힘
감히모두 해치지는 못하리라

포악스런 짐승들에 둘러싸여
날카로운 이빨손톱 무서워도
관세음을 생각하는 거룩한힘
사방으로 달아나고 물러가며

독사전갈 여러가지 독충들이
불꽃같이 독한기운 뿜더라도
관세음을 생각하는 거룩한힘
소리듣고 그스스로 물러가리

검은구름 천둥일고 번개치며

큰비우박 소나기가 쏟아져도
관세음을 생각하는 거룩한힘
응당즉시 구름걷혀 활짝개네

중생들이 곤액핍박 당하여서
한량없는 괴로움을 받더라도
관세음의 그미묘한 지혜의힘
세간고통 남김없이 소멸하리

신통하고 묘한힘을 구족하고
큰지혜와 방편까지 널리닦아
시방세계 모든국토 어디든지
나타나지 않은곳이 없으시네

가지가지 험난하고 악한길과
지옥세계 아귀들과 축생까지

나고죽고 늙고병든 모든고통
차츰차츰 모두함께 없애주며

진실되고 깨끗하게 살피시고
넓고크신 지혜로써 관찰하며
자비로운 마음으로 감싸주니
영원토록 원하옵고 사모하리

티끌없이 깨끗하고 밝은빛의
지혜로써 모든어둠 제거하고
온갖재앙 풍재화재 항복받고
널리밝게 모든세상 비춰주네

자비하신 모든계행 우레같고
자비롭고 아름다운 큰구름과
시원스런 감로법비 내리시어

활활타는 불꽃들을 없애주네

나쁜일로 송사당해 관청에서
두려웁고 겁이나는 전장에서
관세음을 생각하는 거룩한힘
원수원망 모두다들 물러가네

아름다운 음성이신 관음보살
청정하신 범왕음성 파도음성
저세간의 음성보다 뛰어나니
그러므로 항상불러 생각하고

잠깐사이 한순간도 의심말라
관음보살 거룩하신 저성인은
고통번뇌 죽을액운 재앙에서
능히믿고 의지할바 되느니라

여러가지 모든공덕 두루갖춰

자비하신 천안으로 중생보며

모은복덕 바다처럼 한량없어

그러므로 머리숙여 예배하네

그때에 지지보살이 자리에서 일어나 부처님 앞에 나아가 말씀드렸습니다.

"세존이시여, 만일 어떤 중생이 이 관세음보살 보문품의 자재하신 업과 넓은 문으로 나타내시는 신통의 힘을 듣는 이가 있으면 이 사람의 공덕이 적지 아니함을 마땅히 알겠습니다."

부처님께서 이 보문품을 설하실 때에 대중 가운데 팔만 사천 중생이 모두 견줄 수 없는 아뇩다라 삼먁삼보리의 마음을 내었느니라.

제26 다라니품

그때에 약왕보살이 자리에서 일어나 오른쪽 어깨를 드러내고 부처님을 향하여 말씀드렸습니다.

"세존이시여, 만일 선남자 선여인이 법화경을 능히 받아 지니고 읽고 외워서 통달하거나 경전을 옮겨 쓴다면 얼마만큼의 복을 얻습니까?"

부처님께서 약왕에게 말씀하셨습니다.

"만일 선남자 선여인이 팔백만 억 나유타 항하사 같은 부처님들께 공양한다면 그대는 어떻게 생각하느냐. 그 얻는 복이 많지 않겠느냐."

"매우 많습니다, 세존이시여."

부처님께서 말씀하셨습니다.

"만일 선남자 선여인이 능히 이 경전에서 네 구절로 된 한 게송만이라도 받아 지니고 읽고 외우며 뜻을 해설하고 말씀대로 수행한다면 그 공덕이 매우 많느니라."

그때에 약왕보살이 부처님께 말씀드렸습니다.

"세존이시여, 제가 이제 마땅히 법을 설하는 이에게 다라니 주문을 주어 그를 수호하겠습니다."

하고 곧 주문을 설하였습니다.

"아녜. 마녜. 마네. 마마네. 칫테. 차리테. 사메. 사미타. 비산테. 묵테. 묵타타메. 사메. 아비사메. 사마사메. 자예. 크사예. 아크사예. 아크시네. 산테. 사미테. 다라니. 아로카바세. 프라탸베크사니. 니디루. 아뱐타라니비스테. 아뱐타라파리슷디. 웃쿠레. 뭇쿠레. 아라데. 파라데. 수캉크시. 아사마사메. 붓다비로키테. 다르마파리크시테. 상가니르고사니. 니르고사니. 바야바야비소다니. 만트레. 만트라크사야테. 루테. 루타카우사례. 아크사예. 아크사야바나타예. 박쿠레. 바로다. 아마냐나타예. 스바하.

세존이시여, 이 다라니 신주는 육십이억 항하사와 같은 부처님들께서 말씀하신 것이옵니다. 만일 이 법사를 침해하고 훼방하는 자가 있다면 곧 모든 부처님을 침해하고 훼방하는 것이 될 것입니다."

이때 석가모니부처님께서 약왕보살을 칭찬하시며 말씀하셨습니다.

"훌륭하고 훌륭하다, 약왕이여. 그대가 이 법사를 어여삐 여기고 옹호하기 위하여 이 다라니를 설하였으니 모든 중생에게 이익되는 것이 많으리라."

그때에 용시보살이 부처님께 말씀드렸습니다.

"세존이시여, 저도 또한 법화경을 읽고 외우고 받아 지니는 이를 옹호하기 위하여 다라니를 설하겠습니다. 만일 이 법사가 다라니를 얻으면 야차나 나찰이나 부단나나 길자나 구반다나 아귀들이 그의 단점을 엿보더라도 능히 그 기회를 얻지 못하게 될 것입니다." 하고 곧 부처님 앞에서 주문을 설하였습니다.

"즈바레. 마하즈바레. 욱케. 툭케. 묵케. 아데. 아다바티. 느리테. 느리탸바티. 잇티니. 빗티니.칫티니. 느리탸니. 느리탸바티. 스바하.

세존이시여, 이 다라니 신주는 항하사같은 부처님들께서 말씀하신 바이며, 또한 모두 따라서 기뻐하는 것입니다. 만일 이 법사를 침해하고 훼방하는 자가 있다면 곧 모든 부처님을 침해하고 훼방하는 것이 될 것입니다."

그때에 세상을 보호하는 비사문천왕이 부처님
께 말씀드렸습니다.
"세존이시여, 저도 또한 중생을 어여삐 여기며
이 법사를 옹호하기 위하여 이 다라니를 설하겠습
니다." 하고 곧 주문을 설하였습니다.

"앗테. 탓테. 낫테. 바낫테. 아나데. 나디. 쿠나디.
스바하.
세존이시여, 이 신주로써 법사를 옹호하고, 저 또
한 스스로 마땅히 이 경전을 지니는 사람을 옹호하
여 백 유순 안에는 온갖 근심과 걱정이 없게 하겠습
니다."

그때에 지국천왕이 이 법회 가운데 있다가 천만

억 나유타 건달바들에게 공경히 둘러싸여 부처님 앞에 나아가 합장하고 부처님께 말씀드렸습니다.

"세존이시여, 저도 또한 다라니 신주로 법화경을 받아 지니는 이를 옹호하겠습니다." 하고 곧 주문을 설하였습니다.

"아가네. 가네. 가우리. 간다리. 찬다리. 마탕기. 풋카시. 상쿠레. 부루사리. 시시. 스바하.

세존이시여, 이 다라니 신주는 사십이 억의 부처님들께서 말씀하신 바이니, 만일 이 법사를 침해하고 훼방하는 자가 있다면 곧 이 모든 부처님을 침해하고 훼방하는 것이 될 것입니다."

그때에 나찰녀들이 있었으니, 첫째 이름은 람바요, 둘째 이름은 비람바며, 셋째 이름은 곡치요, 넷째 이름은 화치며, 다섯째 이름은 흑치요, 여섯째 이름은 다발이며, 일곱째 이름은 무염족이요, 여덟째 이름은 지영락이며, 아홉째 이름은 고제요, 열째 이름은 탈일체중생정기였습니다. 이 열 명의 나찰녀는 귀자모와 그 아들 및 권속과 함께 부처님 계신 곳으로 나아가서 한목소리로 부처님께 말씀드렸습니다.

"세존이시여, 저희도 법화경을 읽고 외우고 받아 지니는 이를 옹호하여 그들의 근심과 걱정을 없애려 하노니, 만일 법사의 단점을 엿보는 사람이 있다면 능히 엿보지 못하게 하겠습니다." 하고 곧 부처님 앞에서 주문을 설하였습니다.

"이티메. 이티메. 이티메. 이티메. 이티메. 니메. 니메. 니메. 니메. 니메. 루혜. 루혜. 루혜. 루혜. 루혜. 스투혜. 스투혜. 스투혜. 스투혜. 스투혜. 스바하.

차라리 저의 머리 위에 올릴지언정 법사를 괴롭

히지 못하게 할 것이니, 야차나 나찰이나 아귀나 부단나나 길자나 비타라나 건타나 오마륵가나 아발마라나 야차길자나 인길자거나 하루나 이틀, 사흘, 나흘 내지 이레 동안 앓는 열병이거나 항상 앓는 열병이거나, 남자의 모습이나 여자의 모습이나 동남의 모습이나 동녀의 모습을 한 악귀들이 꿈속에서라도 괴롭히지 못하게 하겠습니다." 하고 곧 부처님 앞에서 게송으로 말하였습니다.

나의주문 순종않고 이법사를 괴롭히면
머리통을 조각내어 아릿가지 만들리라
부모님을 살해한죄 기름짤때 속이는죄
저울질로 속이는죄 화합승단 깨뜨린죄
이법사를 해치는자 이런재앙 받으리라

모든 나찰녀들이 이 게송을 설하고 부처님께 말

씀드렸습니다.

"세존이시여, 저희 또한 마땅히 몸소 이 경전을
받아 지니고 읽고 외우며 수행하는 이를 옹호하여,
항상 편안하고 모든 근심과 걱정을 여의게 하며
온갖 독약들도 없어지게 하겠습니다."

부처님께서 여러 나찰녀에게 말씀하셨습니다.

"훌륭하고 훌륭하다. 그대들이 다만 능히 법화
경의 이름만 받아 지니는 이를 옹호하더라도 그
복이 헤아릴 수 없거늘, 하물며 다 갖추어 받아 지
니고 경전에 공양하기를 꽃과 향과 영락과 가루향,
바르는 향, 사르는 향과 번기, 일산, 기악과 갖가지
등인 우유등, 기름등, 온갖 향유등과 소마나꽃기름
등, 첨복꽃기름등, 바사가꽃기름등, 우발라꽃기름
등을 밝혀 이와 같이 백천 가지로 공양하고 이러
한 이를 옹호하는 것이야 말할 것이 있겠는가. 고
제여, 그대들과 권속들은 마땅히 이와 같은 법사를

옹호하여라.”

이 다라니품을 설하실 때 육만 팔천 사람들이
모두 불생불멸의 지혜를 얻었습니다.

제27 묘장엄왕본사품

그때에 부처님께서 대중에게 말씀하셨습니다.

"한량없고 가이없는 불가사의한 아승지 겁을 지난 오랜 옛적에 부처님이 계시었으니, 이름이 운뇌음수왕화지, 다타아가도, 아라하, 삼먁삼불타였고 나라의 이름은 광명장엄이요, 겁의 이름은 희견이었느니라.

그 부처님의 법 가운데 왕이 있었으니 이름이 묘장엄이요, 그 부인의 이름은 정덕이고 두 아들이 있었으니 첫째 이름은 정장이요, 둘째 이름은 정안이었느니라. 이 두 아들은 큰 신통력과 복덕과 지혜가 있었으며 오래도록 보살이 행하는 도를 닦았으니, 이른바 보시바라밀, 지계바라밀, 인욕바라밀, 정진바라밀, 선정바라밀, 지혜바라밀, 방편바라밀과 자·비·희·사와 나아가 삼십칠조도품까지 모두 다 분명하게 통달하였느니라.

또 보살의 정삼매와 일성수삼매와 정광삼매와 정색삼매와 정조명삼매와 장장엄삼매와 대위덕장삼매를 얻었으며 이러한 삼매에 모두 통달하였느니라.

그때에 그 부처님께서 묘장엄왕을 인도하고 중생을 어여삐 여기시어 이 법화경을 설하였느니라. 이때 정장과 정안 두 아들이 그들의 어머님 계시는 곳으로 가서 열 손가락을 모아 합장하고 말씀드렸느니라.

'바라옵건대 어머니시여, 운뇌음수왕화지부처님이 계신 곳으로 가십시다. 저희 또한 마땅히 모시고 따라가서 친근하고 공양하고 예배 드릴 것입니다. 왜냐하면, 이 부처님께서 모든 천신과 인간들에게 법화경을 설하시니 마땅히 듣고 받아 지녀야 하기 때문입니다.'

어머니가 아들에게 말하였느니라.

'너희들의 아버지는 외도를 믿고 받아들여 바라문의 법에 깊이 집착해 있으니, 너희들은 마땅히 아버지께 가서 말씀드리고 함께 가자고 하여라.'

정장과 정안이 열 손가락을 모아 합장하고 어머님께 말씀드렸느니라.

'저희들은 법왕의 아들인데 어찌하여 이런 삿된 소견을 가진 집안에 태어났습니까?'

어머니가 아들에게 말하였느니라.

'너희들은 마땅히 아버지를 걱정하는 마음으로

신통변화를 나타내 보여라. 만일 보시게 되면 마음이 청정해져서 우리들이 부처님 계시는 곳으로 가는 것을 허락하실 것이니라.'

이에 두 아들은 그들의 아버지를 생각하여 칠다라수 높이의 허공으로 솟아올라 갖가지 신통변화를 나타내었느니라. 허공에서 가고 서고 앉고 눕기도 하고, 몸 위에서 물을 뿜고 몸 아래에서 불을 뿜으며, 몸 아래에서 물을 뿜고 몸 위에서 불을 뿜었느니라. 혹 큰 몸을 나타내어 허공에 가득하였다가 다시 작은 몸을 나타내기도 하고, 작은 몸에서 다시 큰 몸을 나타내었느니라. 허공에서 없어졌다가 홀연히 땅에 있기도 하고, 땅속에 들어가기를 물과 같이 하며, 물을 밟기를 땅을 밟듯이 하였느니라. 이와 같은 갖가지 신통변화를 나타내어 그들의 아버지로 하여금 마음을 청정하게 하여 믿고 이해하게 하였느니라.

이때 아버지는 아들의 신통력이 이와 같은 것을 보고 마음이 크게 환희하여 일찍이 없던 일을 얻음으로 합장하여 아들에게 말하였느니라.

'너희들의 스승은 누구이며 누구의 제자이냐?'

두 아들이 대답하기를 '대왕이시여, 저 운뇌음수왕화지부처님께서 지금 칠보의 보리수 아래 법좌에 앉아서 모든 세간의 천신과 사람들에게 법화경을 널리 설하고 계십니다. 이분이 저희의 스승이시며 저희는 이분의 제자입니다.' 하였느니라.

아버지가 아들에게 말하길, '나도 이제 너희들의 스승을 뵙고 싶으니 같이 가도록 하자.' 하니, 이에 두 아들이 허공에서 내려와 그들의 어머니가 계신 곳에 이르러 합장하고 어머님께 여쭈었느니라. '부왕께서 이제 믿고 이해하여 아뇩다라삼먁삼보리의 마음을 낼 정도가 되었습니다. 저희가 아버지를 위하여 불사를 하였으니, 원하옵건대 어머님께서는 저 부처님 계신 곳에서 출가하여 수도하는 것을 허락하여 주십시오.'

그러자 어머니가 말하였느니라.

'너희들의 출가를 허락하노라. 왜냐하면 부처님을 만나기 어렵기 때문이니라.'

이에 두 아들이 부모님께 말씀드렸느니라.

'거룩하십니다. 부모님이시여, 원하옵나니 지금 운뢰음수왕화지부처님 계신 곳에 가서 친근히 공양을 올리소서. 왜냐하면 부처님을 만나기 어렵기가 마치 우담바라꽃이 피는 것과 같고 외눈 가진 거북이가 떠다니는 구멍 뚫린 나무를 만나는 것과 같기 때문입니다. 그러나 저희들은 숙세의 복이 깊고 두터워서 태어나 부처님의 법을 만났습니다. 그러므로 부모님께서는 저희의 출가를 허락해 주시

옵소서. 왜냐하면, 부처님을 만나기 어려우며 그 시기 또한 만나기 어렵기 때문입니다.'

그때에 묘장엄왕의 팔만 사천 후궁들도 모두 이 법화경을 받아 지닐 만하게 되었느니라. 정안보살은 법화삼매를 오래전부터 통달하였으며, 정장보살은 이미 한량없는 백천만 억 겁 동안 이제악취삼매를 통달하여 모든 중생으로 하여금 여러 가지 악도를 여의게 하고자 하였느니라. 그 왕의 부인은 제불집삼매를 얻어서 능히 모든 부처님의 비밀스러운 법장을 알았느니라. 두 아들은 이와 같은 방편의 힘으로 그들의 아버지를 잘 교화하여 마음으로 믿고 이해하여 불법을 좋아하게 하였느니라.

이에 묘장엄왕은 여러 신하와 권속들과 함께, 정덕부인은 후궁의 시녀와 권속들과 함께, 두 왕자는 사만 이천 명의 사람들과 함께 일시에 부처님이 계신 곳으로 가서 머리를 숙여 예배하고 부처님을 세 번 돌고 한쪽으로 물러나 있었느니라.

그때에 저 부처님께서 왕을 위하여 법을 설하여 보여주고 가르치고 이롭게 하고 기쁘게 하시니 왕이 크게 기뻐하였느니라.

그때에 묘장엄왕과 그 부인은 값이 백천이나 되는 진주영락을 목에서 풀어 부처님 위에 뿌리니, 허공에서 네 기둥의 보배누각으로 변화하였느니라. 누각 가운데는 큰 보배법상이 있어 백천만의 하늘 옷이 펼쳐져 있었으며, 그 위에 부처님께서 결가부좌를 하고 앉아 큰 광명을 놓았느니라.

그때에 묘장엄왕은 이렇게 생각하였느니라. '부처님의 몸은 희유하시어 단정하고 특별하고 제일 미묘한 모습을 성취하시었도다.'

이때 운뇌음수왕화지부처님께서 사부대중에게

말씀하셨느니라.

'그대들은 이 묘장엄왕이 내 앞에서 합장하고 서 있는 것을 보느냐. 이 왕은 나의 법 가운데서 비구가 되어 부지런히 정진하고 닦고 익혀서 부처님의 도법을 돕다가 마땅히 부처가 되리니 명호는 사라수왕이며, 나라의 이름은 대광이요, 겁의 이름은 대고왕이니라. 그 사라수왕부처님께는 한량없는 보살대중과 한량없는 성문들이 있으며, 그 국토는 평평하고 반듯하리니, 공덕도 이와 같을 것이니라.'

그 왕은 즉시 나라를 동생에게 맡기고 부인과 두 아들과 여러 권속들과 함께 부처님의 법 가운데 출가하여 도를 닦았느니라. 그 왕이 출가하여 팔만 사천 년 동안 항상 부지런히 정진하여 묘법화경을 수행한 이후에 일체정공덕장엄삼매를 얻고 곧 칠다라수 높이의 허공으로 올라가서 부처님께 말씀드렸느니라.

'세존이시여, 저의 두 아들은 이미 불사를 지어서 신통변화로 저의 삿된 마음을 돌이켜 불법 가운데 편안히 머무르게 하고 세존을 친견토록 하였습니다. 이 두 아들은 저의 선지식으로 숙세의 선근을 일으켜 저를 이롭게 하려고 저의 집에 태어났습니다.'

그때에 운뇌음수왕화지부처님께서 묘장엄왕에게 말씀하셨느니라. '그와 같고 그와 같느니라. 그대가 말한 바와 같느니라. 만일 선남자 선여인이 선근을 심은 까닭으로 세세에 선지식을 만나게 되면, 그 선지식이 능히 불사를 지어서 보여주고 가르치고 이롭게 하고 기쁘게 하여 아뇩다라삼먁삼보리에 들어가게 하느니라.

대왕이여, 마땅히 알라. 선지식은 큰 인연이니

라. 이른바 교화하고 인도하여 부처님을 뵙게 하고
아뇩다라삼먁삼보리심을 내도록 하느니라.

대왕이여, 그대는 이 두 아들을 보는가. 이 두 아
들은 이미 일찍이 육십 오백천만 억 나유타 항하
사 부처님께 공양하고 친근하여 공경하였으며, 여
러 부처님 계신 곳에서 법화경을 받아 지니고 삿
된 견해에 빠진 중생을 가엾이 여겨 바른 견해에
머물도록 하였느니라.'

묘장엄왕이 곧 허공에서 내려와 부처님께 말씀
드렸느니라.

'세존이시여, 여래께서는 매우 희유하십니다.
공덕과 지혜를 가진 까닭으로 머리 위의 육계에서
광명이 밝게 비추었습니다. 그 눈은 길고 크며 감
청색이고 미간의 백호상은 마노 빛깔의 달과 같이
희며, 치아는 희고 가지런하고 빽빽하여 항상 광명

이 있으며, 입술빛은 붉고 아름다워 빈바의 열매와 같습니다.'

그때에 묘장엄왕이 부처님의 이와 같은 한량없는 백천만 억의 공덕을 찬탄하고는 여래의 앞에서 일심으로 합장하고 다시 부처님께 말씀드렸습니다.

'세존이시여, 일찍이 없었던 일입니다. 여래의 법은 불가사의하고 미묘한 공덕을 구족하게 성취하시어 가르침과 계율의 실천은 편안하고 즐겁고 좋습니다. 저는 오늘부터 다시는 마음대로 행동하지 않고 삿된 소견과 교만한 마음과 성내는 마음 등의 모든 악한 마음을 갖지 않겠습니다.' 이렇게 말하고는 부처님께 예배하고 물러갔느니라."

부처님께서 대중에게 말씀하셨습니다.

"어떻게 생각하는가? 묘장엄왕이 어찌 다른 사람이겠느냐. 지금의 화덕보살이요, 정덕부인은 지금 내 앞에 있는 광조장엄상보살이니라. 묘장엄왕과 여러 권속들을 어여삐 여겨 저 가운데 태어난 것이니라. 그의 두 아들은 지금의 약왕보살과 약상보살이니라. 이 약왕보살과 약상보살은 이와 같은 큰 공덕을 성취하고 한량없는 백천만 억 부처님 계신 곳에서 모든 덕의 근본을 심었으며, 불가사의한 여러 좋은 공덕을 성취하였느니라. 만일 어떤 사람이 이 두 보살의 이름만 알더라도 모든 세간의 천신과 사람들 또한 마땅히 예배할 것이니라."

부처님께서 이 묘장엄왕본사품을 설하실 때 팔만 사천 사람들이 번뇌를 멀리 여의고 모든 법 가운데에서 청정한 법의 눈을 얻었느니라.

제28 보현보살권발품

그때에 자유자재한 신통력과 위엄과 덕망과 명성으로 널리 알려진 보현보살이 한량없고 가이없으며 헤아릴 수 없는 대보살들과 함께 동방으로부터 오시니, 지나오는 국토마다 모두 널리 진동하고 보배연꽃을 비 내리며 한량없는 백천만 억의 갖가지 음악이 울려 퍼졌습니다. 또한 수 없는 천신, 용, 야차, 건달바, 아수라, 가루라, 긴나라, 마후라가, 사람과 사람 아닌 이들의 대중에게 둘러싸여 각각 위엄과 덕망과 신통력을 나타내며, 사바세계의 기사굴산 가운데 이르러서 석가모니부처님께 머리 숙여 예배하고 오른쪽으로 일곱 번 돌고는 부처님께 말씀드렸습니다.

"세존이시여, 제가 보위덕상왕부처님 국토에 있으면서 멀리 이 사바세계에서 법화경을 설하는 것을 듣고 한량없고 가이없는 백천만 억 보살들과 함께 들으려고 왔습니다. 오직 바라옵건대 세존께서는 마땅히 설하여 주시옵소서. 만일 여래께서 열반하신 후에는 선남자 선여인이 어떻게 하면 능히 이 법화경을 얻을 수 있겠습니까?"

부처님께서 보현보살에게 말씀하셨습니다.

"만일 선남자 선여인이 네 가지 조건을 성취하면 여래께서 열반한 후에도 마땅히 이 법화경을 얻을 수 있느니라. 첫째는 부처님들께서 보호하고 생각해야 하고, 둘째는 여러 가지 덕의 근본을 심어야 하고, 셋째는 정정취에 들어야 하고, 넷째는 일체중생을 구제하려는 마음을 내어야 하느니라.

선남자, 선여인이 이와 같은 네 가지 조건을 성취하면 여래께서 열반한 뒤에도 반드시 이 경전을 얻게 될 것이니라."

그때에 보현보살이 부처님께 말씀드렸습니다.

"세존이시여, 후 오백세의 흐리고 악한 세상에서 이 경전을 받아 지니는 사람이 있다면, 제가 마땅히 수호하여 그의 근심과 걱정을 없애 주고 편안함을 얻게 하며, 그의 헛점을 엿보는 이가 없도록 하겠습니다. 만일 마구니나 마구니의 아들이거나 마구니의 딸이거나 마구니의 백성이거나 마가 붙은 이거나 야차, 나찰, 구반다, 비사사, 길자, 부단나, 위타라 등 사람을 괴롭히는 것들이 모두 기회를 얻지 못하게 하겠습니다. 그 사람이 걷거나 서서 이 경전을 읽고 외우면 제가 그때에 여섯 개의 이빨을 가진 흰 코끼리의 왕을 타고 대보살들과 함께 그곳으로 가서 스스로 몸을 나타내어 공양하고 수호하여 그의 마음을 편안하게 하겠으며, 또한 법화경에도 공양하겠습니다. 그 사람이 만일 앉아서 이 경전을 사유하면, 그때에 제가 다시 흰 코끼리의 왕을 타고 그 사람 앞에 나타나되 그 사람이 만일 법화경의 한 구절이나 한 게송이라도 잊어버린 것이 있으면 제가 마땅히 가르쳐서 함께 읽고 외워서 다시 통달하게 하겠습니다.

그때에 법화경을 받아 지니고 읽고 외우는 사람이 저의 몸을 보게 되면 매우 크게 기뻐하여 더욱 정진하게 되고 저를 본 인연으로 곧 삼매와 다라니를 얻으리니, 그 이름은 선다라니, 백천만 억 선다라니, 법음방편다라니 등이며 이와 같은 다라니들을 얻을 것입니다.

세존이시여, 만일 오는 세상 후 오백세의 흐리고 악한 세상에서 비구, 비구니, 우바새, 우바이로서 이 법화경 찾아 구하는 이와 받아 지니는 이와 읽고 외우는 이와 옮겨 쓰는 이들이 이 경전을 닦고 익히고자 한다면 삼칠일 동안 응당 한결같은 마음으로 정진해야 할 것입니다. 삼칠일을 채우고 나면 제가 마땅히 여섯 개의 이빨을 가진 흰 코끼리를 타고 한량없는 보살들에게 둘러싸여 모든 중생이 보기 좋아하는 몸으로 그 사람의 앞에 나타나서 법을 설하여 보여주고 가르치고 이롭게 하고 기쁘게 하며 또한 다시 다라니의 주문을 주겠습니다. 이 다라니를 얻은 까닭으로 사람이 아닌 것들이 능히 파괴하지 못하며, 또한 여인의 유혹에도 어지럽지 아니하고 또한 저 자신도 이 사람을 항상 보호하겠습니다. 오직 바라옵건대 세존이시여, 제가 이 다라니의 주문을 설하도록 허락하여 주시옵소서."

이윽고 부처님 앞에서 주문을 설하였습니다.

"아단테. 단다파티. 단다바르타니. 단다쿠사레. 단
다수다리. 수다리. 수다라파티. 붓다파샤네. 사르바
다라니아바르타니. 삼바르타니. 상가파리크시테. 상
가니르카타니. 다르마파리크시테. 사르바샷바루타
카우사랴누가테. 심하비크리디테. 아누바르테. 바르
타니. 바르타리. 스바하.

세존이시여, 만일 어떤 보살이든 이 다라니를 듣
게 되면 마땅히 보현의 신통력인 줄 알아야 하며, 만
일 법화경이 염부제에 유행할 적에 받아 지니는 사
람이 있으면 마땅히 보현의 위신력이라고 생각해야
합니다. 만일 받아 지니고 읽고 외우며 바르게 기억
하고 그 뜻을 이해하고 설한 대로 수행한다면, 마땅

히 이 사람은 보현행을 행하여 한량없고 가이없는 부처님의 처소에서 선근을 깊이 심은 것이며, 모든 여래께서 손으로 그의 머리를 쓰다듬어 주시는 것인 줄 알아야 합니다.

단지 옮겨 쓰기만 하여도 이 사람이 목숨을 마치면 마땅히 도리천상에 태어나리니, 이때 팔만사천 천녀들이 온갖 음악을 연주하며 와서 맞이할 것입니다. 그 사람은 곧 칠보관을 쓰고 궁녀들 속에서 즐겁게 노닐 것입니다. 하물며 받아 지니고 읽고 외우며 바르게 기억하고 그 뜻을 이해하고 설한 대로 수행하는 것이야 더 말할 것이 있겠습니까.

만일 어떤 사람이 받아 지니고 읽고 외우며 그 뜻을 이해한다면, 이 사람이 목숨을 마치고는 천 분의 부처님께서 손을 내밀어주시어 두려움이 없게 하고, 악한 세상에 떨어지지 않게 하여 곧 도솔천상의 미륵보살이 계시는 곳에 태어날 것입니다. 미륵보살

은 삼십이상을 갖춘 대보살들에게 둘러싸여 백천만
억의 천녀들과 권속들이 있는 가운데 태어나는, 이
와 같은 공덕과 이익이 있을 것입니다. 그러므로 지
혜 있는 이는 마땅히 한결같은 마음으로 스스로 쓰
거나 남을 시켜 쓰게 하고 받아 지니고 읽고 외우며
바르게 기억하여 설한 대로 수행할 것입니다. 세존
이시여, 제가 이제 신통력으로 이 법화경을 수호하
여 여래께서 열반하신 뒤에 염부제에 널리 유포하
여 끊어지지 않도록 하겠습니다."

그때에 석가모니부처님께서 찬탄하시었습니다.
"훌륭하고 훌륭하다, 보현이여, 그대가 능히 이
경전을 보호하고 도와서 많은 중생을 안락하고 이
익되게 하리니, 그대는 이미 불가사의한 공덕과 깊
고 큰 자비를 성취하였느니라. 오랜 옛적부터 아뇩
다라삼먁삼보리의 마음을 내었으며, 능히 이렇게

신통한 서원을 세워 이 경전을 수호하니 나도 마땅히 신통력으로 능히 보현보살의 이름을 받아 지니는 사람을 수호하리라.

보현보살이여, 만일 이 법화경을 받아 지니고 읽고 외우며 바르게 기억하여 닦아 익히고 옮겨 쓰는 사람이 있다면, 마땅히 알라. 이 사람은 곧 석가모니부처님을 뵙고 부처님의 입으로부터 이 경전을 들은 것과 같느니라. 마땅히 알라. 이 사람은 석가모니부처님께 공양한 것이니라. 마땅히 알라. 이 사람은 부처님께서 훌륭하다고 찬탄한 것이니라. 마땅히 알라. 이 사람은 석가모니부처님께서 그의 머리를 손으로 쓰다듬어 주시는 것이니라. 마땅히 알라. 이 사람은 석가모니부처님께서 옷으로 덮어주시는 것이니라.

이와 같은 사람은 다시는 세상의 욕락을 탐내거

나 집착하지 않으며, 외도의 경서와 글을 좋아하지 않으며, 또한 그들과 친근하기를 좋아하지 않으며, 여러 거친 사람들인 백정이나 돼지나 양, 닭, 개를 기르는 사람이나 사냥꾼이나 여색을 파는 사람들을 가까이하는 것을 좋아하지 않느니라. 이 사람은 마음과 뜻이 정직하여 바르게 기억하며 복덕의 힘이 있으므로 삼독의 시달림을 받지 않으며, 질투와 아만과 삿됨과 증상만의 괴롭힘을 받지 않으며, 이 사람은 욕심이 적고 만족할 줄을 알아서 능히 보현행을 닦을 것이니라.

보현이여, 만일 여래께서 열반하신 뒤 후 오백 세에 어떤 사람이 법화경을 받아 지니고 읽고 외우는 것을 보거든 응당 이렇게 생각하여라. '이 사람은 오래지 않아 반드시 도량에 나아가서 마구니의 무리를 깨뜨리고 아뇩다라삼먁삼보리를 얻으며, 법륜을 굴리고 법북을 치고 법소라를 불며 법

비를 내려 마땅히 천신과 사람들 가운데서 사자법좌에 앉게 될 것이니라.'

보현이여, 만일 오는 세상에 이 경전을 받아 지니고 읽고 외우는 이런 사람은 의복과 침구와 음식과 생활하는 물품을 탐내거나 집착하지 않아도 원하는 것이 헛되지 않을 것이며, 또한 현세에서도 그 복의 과보를 받을 것이니라. 만일 어떤 사람이 가볍게 여기고 훼방하여 말하기를 '너는 미친 사람이다. 부질없이 이런 수행을 하는 것이요, 끝내 아무것도 얻지 못할 것이다.'라고 한다면, 이와 같은 죄의 과보로 날 때마다 눈이 없을 것이며, 만일 공양하고 찬탄한다면 마땅히 현세에 좋은 과보를 받을 것이니라.

만일 다시 이 경전을 받아지니는 이를 보고 그의 허물이 사실이거나 아니거나 들추어낸다면, 이 사람은 현세에서 백라병을 얻을 것이니라. 만일 업신여기거나 비웃는 사람은 세세생생에 이가 성글고 빠지며 입술이 추하고 코가 납작하며, 손발이 삐뚤어지고 눈은 틀어지며, 몸에서 악취가 나고 악한 종기에 피고름이 나며, 배에 물이 차서 숨이 가쁘며, 온갖 나쁜 중병에 걸릴 것이니라.

그러므로 보현이여, 만일 이 경전을 받아 지니는 이를 보거든 마땅히 일어나서 멀리 나가 영접하여 부처님을 공경하듯이 할 것이니라."

이 보현보살권발품을 설하실 때 항하수 같이 한량없고 가이없는 보살들이 백천만 억 선다라니를 얻었으며, 삼천대천세계의 티끌 수 같은 많은 보살들은 보현의 도를 구족하였느니라. 부처님께서 이 경전을 설하실 때 보현보살을 비롯한 모든 보살들과 사리불 등 모든 성문들과 천신들과 용과 사람

과 사람 아닌 이 등 모든 대중이 모두 크게 기뻐하
며 부처님의 말씀을 받아 지니고 예배하고 물러갔
느니라.

우리말 법화경 약찬게

으뜸가는 일불승의 실상묘법 연화경을
보장보살 간략하게 게송으로 찬탄하니
연꽃으로 잘꾸며진 화장장엄 세계바다
왕사성중 기사굴산 법화회상 영축산에
상주하여 머무시는 석가모니 부처님과
시방삼세 부처님께 지성으로 귀의하니
가지가지 인연들과 여러가지 방편으로
일승묘법 법의바퀴 영원토록 굴리소서
일만이천 비구대중 부처님과 함께하니
공부마친 아라한들 번뇌없이 자재하고
오비구중 아야교진 두타제일 마하가섭

우루빈나 가야가섭 나제가섭 삼형제들
부처님의 양대제자 지혜제일 사리불과
신통제일 목건련이 부처님을 시봉하고
논의제일 가전연과 천안제일 아누루타
천문제일 겁빈나와 소신공양 교범바제
욕심없는 이바다와 필릉가바 함께하고
무병장수 박구라와 설득제일 구치라와
이복동생 난타존자 손타라와 부루나와
해공제일 수보리와 다문제일 아난다와
밀행제일 라홀라등 큰비구들 함께하고
파사파제 비구니는 육천권속 함께하고
라홀라의 모친이던 야수다라 비구니는
이천권속 함께하니 모인대중 팔천이라
마하살중 팔만인은 불퇴전의 보살이니
문수사리 지혜보살 관세음은 자비보살
큰세력의 득대세와 불철주야 상정진과

쉼이없는 불휴식과 보장보살 함께하고
약왕보살 용시보살 보월보살 월광보살
만월보살 대력보살 법회중에 모여들고
큰힘가진 무량력과 무심행자 월삼계와
발타바라 보살이며 도솔천주 미륵보살
보적보살 도사보살 이와같은 보살이며
석제환인 그의권속 이만천자 함께하고
명월천자 보향천자 보광천자 사천왕이
일만권속 함께하며 자재천자 대자재친
삼만권속 함께하고 사바계주 범천왕인
시기대범 광명대범 일만이천 권속이라
여덟용왕 있었으니 난타용왕 발난타와
사갈라왕 화수길과 덕차가와 아나바달
마나사왕 우발라와 그들각기 백천권속
서로서로 이끌어서 법화회상 모여들고
법긴나라 묘법긴나 대법긴나 지법긴나

각기백천 권속으로 삼삼오오 모여들며

악건달바 악음왕과 미건달바 미음왕이

그들각기 백천권속 손을잡고 모여들고

바치수라 거라수라 비마질다 라후수라

이들사대 아수라왕 백천권속 함께하며

대덕가루 대신가루 대만가루 여의가루

이들사대 가루라왕 백천권속 함께하고

위제희의 아들로서 마갈타국 아사세왕

백천권속 이끌어서 영산회상 모여드네

석가모니 부처님이 무량의경 설하시려

결가부좌 하시고서 무량의처 삼매드니

만다라꽃 대만다라 만수사꽃 대만수사

하늘에서 꽃비오고 여섯가지 진동하고

사부대중 천룡팔부 사람인듯 아닌사람

작은나라 국왕들과 큰나라의 전륜왕과

모든대중 생각하길 전에없던 일인지라

기쁜마음 합장하고 부처님을 우러르네
석가모니 부처님이 미간에서 광명놓아
동방으로 일만팔천 넓은세계 비추시되
하방으로 아비지옥 상방으로 유정천에
중생들과 부처님과 대승보살 마하살이
갖가지로 수행하고 성도하고 설법하고
열반하고 탑세우는 모든행적 보였어라
대중들이 의심하고 미륵보살 질문하니
문수사리 법왕자가 그의심에 대답하되
내가과거 무량겁에 이런상서 있은후에
묘법설함 보았나니 그대들은 바로알라
그당시에 일월등명 부처님이 계셨으며
바른법을 설하시니 처음중간 마지막이
훌륭하고 정연하며 깨끗한행 갖추시고
근기따라 사제십이 육바라밀 설하시어
모든중생 남김없이 일체종지 얻게했네

이와같이 이만부처 같은이름 일월등명
맨마지막 여덟왕자 모두법사 되었으니
그때에도 육종진동 모두그와 같았어라
묘광보살 큰스승은 팔백명의 제자두니
문수보살 묘광이고 미륵보살 구명일세
덕장보살 견만보살 대요설의 보살이며
지적보살 상행보살 무변행의 보살이며
정행보살 안립행과 중생공경 상불경과
별자리의 왕의빛은 수왕화가 으뜸이고
일체중생 희견인은 최고가는 보살이며
묘음보살 상행의는 다시없는 대승보살
장엄왕과 화덕보살 묘음품의 보살이고
무진의와 지지보살 보문품의 보살이라
광조장엄 약왕존과 약상보살 보현존은
법화회상 그가운데 으뜸가는 보살님들
시방삼세 부처님을 항상함께 따르나니

일월등명 시작으로 연등불로 이어지고

대통지승 여래불과 아촉불과 수미정불

또한과거 부처로서 중생들을 이끄시며

크신음성 사자음불 위엄높은 사자상불

허공중에 머문부처 항상밝은 부처님과

제상불과 범상불과 극락정토 아미타불

세간고뇌 건져주는 대자대비 부처님과

전단향의 다마라불 신통자재 수미상불

구름처럼 걸림없는 운자재불 자재왕불

공포이긴 부처님과 과거세의 다보불과

위음왕불 일월등명 무량겁전 부처님과

운자재등 부처님과 정명덕왕 부처님과

정화수왕 부처님과 운뇌음왕 부처님과

구름우레 천둥같은 별들지혜 수왕화지

값진보배 크신위엄 보위덕상 부처님등

이와같은 모든부처 보살들이 설법하니

과거설법 지금설법 미래설법 끝없어라

이법회에 모인대중 시방세계 대중들이

석가모니 부처님을 항상따라 배우고자

구름같이 서로모여 큰법회에 함께하고

사리불은 점법이고 팔세용녀 돈법이나

하늘에서 단비내려 온갖초목 적셔주듯

법화행자 근기따라 평등하게 이익얻네

이십팔품 열거하면 서품방편 비유품과

신해약초 수기품은 일이삼품 사오륙품

화성유품 오백제자 수학무학 칠팔구품

열번째로 법사품과 열한번째 견보탑품

열두번째 제바달다 권지품은 열세번째

안락행품 종지용출 십사십오 품이되고

여래수량 분별공덕 십륙십칠 품이되며

수희공덕 법사공덕 십팔십구 품이되네

스무번째 상불경품 스물하나 여래신력

약왕본사 이십이품 묘음보살 이십삼품

관음보문 이십사품 이십오품 다라니품

이십육은 묘장엄품 이십칠은 보현보살

유촉하신 *촉루품이 마무리를 장식하니

일곱권에 이십팔품 원만교설 아름답네

이것이곧 일승묘법 법화경의 법문으로

각품마다 게송들이 깊은뜻을 갖췄으니

수지독송 믿고알아 해설사경 하는사람

부처님이 칭찬하고 법의로써 감싸주며

보현보살 다가와서 항상수호 하여주니

마군들의 괴롭힘은 남김없이 사라지네

세상일에 집착않고 뜻과마음 올곧으며

올바르게 기억하면 그공덕이 한량없고

잊고있던 구절게송 생생하게 떠오르고

머지않아 법화회상 도량중에 나아가서

깨달음을 얻게되고 법의바퀴 굴리나니

천신인간 모든중생 여래처럼 공경하네
실상묘법 연화경의 영산회상 불보살께
일심으로 두손모아 지성귀의 하옵니다
으뜸가는 일불승의 실상묘법 연화경을
보장보살 게송으로 이와같이 찬탄하네

* 법화경은 부처님께서 영축산과 허공을 오가면서 설하신 2처 3회의 설법으로 구성되어 있다. 그 중 2회의 마지막에 위치한 촉루품은 부처님께서 경을 다 설해 마치시고 제자들에게 부탁하는 것으로, 사실상 경의 마지막에 위치하는 것이 바람직하여 변화를 두었다. 참고로 일반적인 약찬게는 아래와 같다.

촉루품은 이십이품 약왕본사 이십삼품
묘음보살 이십사품 관음보문 이십오품
이십육은 다라니품 이십칠은 묘장엄품
보현보살 권발품이 마무리를 장식하니

法華經 略纂偈 법화경 약찬게

一乘妙法蓮華經 寶藏菩薩略纂偈 南無華藏世界海
일승묘법연화경 보장보살약찬게 나무화장세계해

王舍城中耆闍窟 常住不滅釋迦尊
왕사성중기사굴 상주불멸석가존

十方三世一切佛 種種因緣方便道 恒轉一乘妙法輪
시방삼세일체불 종종인연방편도 항전일승묘법륜

與比丘衆萬二千 漏盡自在阿羅漢
여비구중만이천 누진자재아라한

阿若矯陳大迦葉 優樓頻那及伽倻 那提迦葉舍利弗
아야교진대가섭 우루빈나급가야 나제가섭사리불

大目健連伽㫌延 阿누樓䭾劫賓那
대목건련가전연 아누루타겁빈나

矯梵波提離婆多 畢陵伽婆縛狗羅 摩訶俱絺羅難陀
교범파제이바다 필릉가바박구라 마하구치라난타

孫陀羅與富樓那 須菩提者與阿難
손타라여부루나 수보리자여아란

羅睺羅等大比丘 摩訶婆闍婆提及 羅睺羅母耶輸陀
나후라등대비구 마하파사파제급 나후라모야수다

比丘尼等二千人 摩訶薩衆八萬人
비구니등이천인 마하살중팔만인

文殊師利觀世音 得大勢與常精進 不休息及寶藏士
문수사리관세음 득대세여상정진 불휴식급보장사

藥王勇施及寶月 月光滿月大力人
약왕용시급보월 월광만월대력인

無量力與越三界 跋陀婆羅彌勒尊 寶積導師諸菩薩
무량력여월삼계　발타바라미륵존　보적도사제보살

釋提桓因月天子 普香寶光四天王
석제환인월천자　보향보광사천왕

自在天子大自在 娑婆界主梵天王 尸棄大梵光明梵
자재천자대자재　사바계주범천왕　시기대범광명범

難陀龍王跋難陀 娑伽羅王和修吉
난타용왕발난타　사가라왕화수길

德叉阿那婆達多 摩那斯龍優鉢羅 法緊那羅妙法王
덕차아나바달다　마나사용우발라　법긴나라묘법왕

大法緊那持法王 樂乾闥婆樂音王
대법긴나지법왕　악건달바악음왕

美乾闥婆美音王 婆稚佉羅乾陀王 毘摩質多羅修羅
미건달바미음왕　바치거라건타왕　비마질다라수라

羅睺阿修羅王等 大德迦樓大身王
나후아수라왕등 대덕가루대신왕

大滿迦樓如意王 韋提希子阿闍世 各與若干百千人
대만가루여의왕 위제희자아사세 각여약간백천인

佛爲說經無量義 無量義處三昧中
불위설경무량의 무량의처삼매중

天雨四花地六震 四衆八部人非人 及諸小王轉輪王
천우사화지육진 사중팔부인비인 급제소왕전륜왕

諸大衆得未曾有 歡喜合掌心觀佛
제대중득미증유 환희합장심관불

佛放眉間白毫光 光照東方萬八千 下至阿鼻上阿迦
불방미간백호광 광조동방만팔천 하지아비상아가

衆生諸佛及菩薩 種種修行佛說法
중생제불급보살 종종수행불설법

涅槃起塔此悉見 大衆疑念彌勒問 文殊師利爲決疑
열반기탑차실견 대중의념미륵문 문수사리위결의

我於過去見此瑞 卽說妙法汝當知
아어과거견차서 즉설묘법여당지

時有日月燈明佛 爲說正法初中後 純一無雜梵行相
시유일월등명불 위설정법초중후 순일무잡범행상

說應諦緣六度法 令得阿耨菩提智
설응제연육도법 영득아뇩보리지

如是二萬皆同名 最後八子爲法師 是時六瑞皆如是
여시이만개동명 최후팔자위법사 시시육서개여시

妙光菩薩求名尊 文殊彌勒豈異人
묘광보살구명존 문수미륵기이인

德藏堅滿大樂說 智積上行無邊行 淨行菩薩安立行
덕장견만대요설 지적상행무변행 정행보살안립행

常不經士宿王華 一切衆生喜見人
상불경사숙왕화 일체중생희견인

妙音菩薩上行意 莊嚴王及華德士 無盡意與持地人
묘음보살상행의 장엄왕급화덕사 무진의여지지인

光照莊嚴藥王尊 藥王菩薩普賢尊
광조장엄약왕존 약왕보살보현존

常隨三世十方佛 日月燈明燃燈佛 大通智勝如來佛
상수삼세시방불 일월등명연등불 대통지승여래불

阿閦佛及須彌頂 師子音佛師子相
아촉불급수미정 사자음불사자상

虛空住佛常明佛 帝相佛與梵相佛 阿彌陀佛度苦惱
허공주불상명불 제상불여범상불 아미타불도고뇌

多摩羅佛須彌相 雲自在佛自在王
다마라불수미상 운자재불자재왕

壞怖畏佛多寶佛 威音王佛日月燈 雲自在燈淨明德
괴포외불다보불 위음왕불일월등 운자재등정명덕

淨華宿王雲雷音 雲雷音宿王華智
정화숙왕운뢰음 운뢰음숙왕화지

寶威德上王如來 如是諸佛諸菩薩 已今當來說妙法
보위덕상왕여래 여시제불제보살 이금당래설묘법

於此法會與十方 常隨釋迦牟尼佛
어차법회여시방 상수서가모니불

雲集相從法會中 漸頓身子龍女等 一雨等澍諸樹草
운집상종법회중 점돈신자용녀등 일우등주제수초

序品方便譬喩品 信解藥草授記品
서품방편비유품 신해약초수기품

化城喩品五百第 授學無學人記品 法師品與見寶塔
화성유품오백제 수학무학인기품 법사품여견보탑

提婆達多與持品 安樂行品從地涌
제바달다여지품 안락행품종지용

如來壽量分別功 隨喜功德法師功 常不輕品神力品
여래수량분별공 수희공덕법사공 상불경품신력품

囑累藥王本事品 妙音觀音普門品
촉루약왕본사품 묘음관음보문품

陀羅尼品妙莊嚴 普賢菩薩勸發品 二十八品圓滿敎
다라니품묘장엄 보현보살권발품 이십팔품원만교

是爲一乘妙法門 支品別偈皆具足
시위일승묘법문 지품별게개구족

讀誦受持信解人 從佛口生佛衣覆 普賢菩薩來守護
독송수지신해인 종불구생불의부 보현보살내수호

魔鬼諸惱皆消除 不貪世間心意直
마귀제뇌개소제 불탐세간심의직

有正億念有福德　忘失句偈令通利　不久當詣道場中
유정억념유복덕　망실구게영통리　불구당예도량중

得大菩提轉法輪　是故見者如敬佛
득대보리전법륜　시고견자여경불

南無妙法蓮華經　靈山會上佛菩薩　一乘妙法蓮華經
나무묘법연화경　영산회상불보살　일승묘법연화경